Elisabeth Augustin   Thomas Ries

Meine bunte Wörterwelt

mit Illustrationen von

Klaus Pitter

Jugend & Volk

Mit Erlass des Bundesministeriums für Bildung, Wissenschaft und Kultur, Zl. 45.47/1–V/9/2004 vom 12. Juli 2005 als für den Unterrichtsgebrauch an Volksschulen für die 2. bis 4. Schulstufe im Unterrichtsgegenstand Deutsch, Lesen, Schreiben geeignet erklärt.

Nach den Regeln der neuen Rechtschreibung 2006.

www.jugendvolk.at

Schulbuch-Nr. **125355**

Augustin, Ries

Meine bunte Wörterwelt

© 2006, Verlag Jugend & Volk GmbH, Wien.

ISBN 978-3-7100-3180-9

Umschlaggestaltung: Thomas Ries
Umschlagillustration: Klaus Pitter, Thomas Ries
Layout und Satz: Verlag Jugend & Volk
Druck und Bindung: Westermann Druck Zwickau GmbH, D-08058 Zwickau

Inhalt

Herzlich willkommen
in Willis bunter Wörterwelt!

Hallo!

Ich bin Willi Wurm,
eigentlich heiße ich ja Willibald Wurm.
Aber wie kann man nur Willibald heißen?
Aber das ist eine ganz andere Geschichte …

Heute will ich euch meine bunte **Wörterwelt**
vorstellen.
Dort haben sich auch alle meine Freunde versteckt:
der **Affe**, der **Bär**, das **Chamäleon**,
der **Dinosaurier**, der **Elefant** und so weiter.

Willis **Wörterwelt** ist nämlich ein Buch mit ganz,
ganz vielen Wörtern. Hier gibt es ungefähr
5 600 Wörter, so weit kann ich noch
gar nicht zählen.

Zuerst gibt es:

- die kleine **Wörterwelt**
  für die Kinder der 2. Klasse und dann
- die große **Wörterwelt**
  für die 3. und 4. Klasse.

Im Lehrerbegleitheft hat deine Lehrerin oder dein
Lehrer dann noch die englische **Wörterwelt**.

Wenn du ein Wort schreiben willst
und du weißt nicht genau, wie man es schreibt,
dann mach doch eine Reise in die **Wörterwelt**
und such dieses Wort.

Auch ich habe mich als **Wurm**
in der **Wörterwelt**
versteckt.

Ich bin ganz einfach
zu finden.

W

- Suche den ersten Buchstaben des Wortes, also das **W**. Dabei hilft dir das Alphabet: Zuerst kommen alle Wörter mit A, dann mit B, dann mit C …
Geh einfach weiter bis zum W.

Wu

- Als nächstes suche alle Wörter, die mit **Wu** beginnen, dabei gehst du wieder nach dem ABC vor, von **Wa** über **Wi** gelangst du zu **Wu**!

Wur
Wurm

- Dann suchst du nach dem dritten Buchstaben: dem R in **Wur**m, und bald hast du mich, den **Wurm**, entdeckt.

Ich stehe auf Seite _____ .
Wie du lesen kannst, bin ich kein einsamer **Wurm**, denn ich komme aus einer großen **Würmer**-Familie.

der **Wurm**, die Würmer ➤ der Regenwurm, der Bücherwurm

Noch dazu bin ich ein blauer **Wurm**!

Die blaue Farbe zeigt dir, dass ich ein Namenwort
(= Nomen) bin. Namenwörter schreiben wir groß.

Fast alle Namenwörter haben einen Begleiter
(**der**, **die** oder **das**) und eine Mehrzahl:

>   die Würmer

Der graue Pfeil ➤ gibt dir hier ein Beispiel
für zusammengesetzte Wörter aus meiner
Wortfamilie:

>   ➤ der Regenwurm, der Bücherwurm

Natürlich bin ich auch ein **intelligenter Wurm**.
Das Wort **intelligent** ist ein Eigenschaftswort
(= Wiewort) und wir schreiben es klein.

Fast alle Eigenschaftswörter lassen sich steigern
(intelligent, intelligenter, am intelligentesten).
Aber nur bei schwierigen Eigenschaftswörtern
findest du die Steigerungsformen in der
Wörterwelt, zum Beispiel:

>   gut, besser, am besten.

Die Eigenschaftswörter sind grün.

in|tel|li|gent = gescheit, klug

Das = Zeichen schlägt dir andere Wörter vor,
die du auch für **intelligent** sagen kannst.

Die dünnen Striche zwischen den Buchstaben
sagen dir übrigens, an welchen Stellen du die
Wörter teilen kannst.

in|tel|li|gent kannst du
also auf drei verschiedene
Arten teilen.

in-   telligent

intel-   ligent

intelli- gent

Mein liebstes Hobby ist **essen**.
Das Wort **essen** ist ein Zeitwort (= Tunwort).
Zeitwörter schreibst du klein.

Du kannst sie in die Zeiten setzen:
   Heute esse ich, gestern aß ich,
     morgen werde ich essen.
      Die Zeitwörter in der **Wörterwelt** sind rot.

   es|sen, du isst, er aß, sie hat
gegessen = speisen, sich ernähren

Bei schwierigen Zeitwörtern findest du
die Zeitformen für die Gegenwart, die
Mitvergangenheit und die Vergangenheit.
Das = Zeichen schlägt dir wieder andere Wörter
vor, die du auch für **essen** sagen kannst.

Manchmal suche ich selbst ein Wort (zum Beispiel:
Computer) und finde es nicht, weil ich nicht genau
weiß, wie ich es schreibe.
Falsch geschriebene Wörter sind in der
Wörterwelt durchgestrichen und ein Pfeil → weist
dir den Weg zu dem richtigen Wort.

der ~~Kom|pju|ta~~ → Computer

Ein Pfeil kann dir aber auch den Weg
zu einem verwandten Wort zeigen, wo du dann
weitere Erklärungen bekommst.

an|ge|ben, du gibst an → geben

Übrigens, das Computerspielen
ist mein zweitliebstes Hobby!

Wenn du jetzt Lust bekommen hast, dann reise doch weiter durch die **Wörterwelt** und besuche noch meine Freunde, den **Affen** und den **Bären**! Viele andere lustige Suchaufgaben hat deine Lehrerin oder dein Lehrer im Lehrerbegleitheft.

Das hätte ich fast vergessen:
Neben der **Lehrerin** gibt es natürlich auch den **Lehrer** und beide zudem in der Mehrzahl. Weil die Mehrzahl aber fast gleich ist, findest du in diesen Fällen ein graues innen angehängt. Das heißt: die Lehrer, die Lehrerinnen.

der **Leh|rer**, die **Leh|re|rin**,
die Lehrerinnen

Und nun viel Spaß beim Wörtersuchen und -entdecken!
Dein

Willi

Noch ein Geheimnis:

In der **Wörterwelt** gibt es auch
Hinweise, dass Wörter
zusammengesetzt sein können
oder dass Wörter, die ganz gleich
klingen, doch unterschiedlich
geschrieben werden.
Diese Hinweise findest du in
Kästchen mit orangefarbenem
Rahmen!

lachen, du lachst,
er lacht
er Laden, die Läden
ie Lampe, die Lampen
as Land, die Länder

die Biene
das Bild,
billig, am bill
am bill

Die kleine
Wörterwelt

lan
am
lan
am

rn, du f
iert
, feiner,
einsten

er Lärm
lass
lassen, du lässt,
sie lässt
laufen, du läufst,
er läuft

der Feind, die
die Feindin,
die Feindinn
das Feld, die F
das Fenster, di
die Ferien
fernsehen
fern, sie sie
fertig
fest, fester

am best
besser
besond
der Besen,
der Berg,
der Beruf,

Meine Lieblingswörter:

A a

ab

der **Abend**, die Abende

abends

aber

ach

acht

der **Advent**

der **Affe**, die Affen

alle

allein

alles

als

also

alt, älter,
am ältesten

am

die **Ampel**, die Ampeln

an

andere

ändern, du änderst,
er ändert

anders

der **Anfang**, die Anfänge

anfangen, du fängst
an, sie fängt an

die **Angst**, die Ängste

anrufen, du rufst an,
er ruft an

die **Ansage**, die Ansagen

die **Antwort**,
die Antworten

antworten,
du antwortest,
er antwortet

anziehen, du ziehst
an, sie zieht an

der **Apfel**, die Äpfel

der **April**

die **Arbeit**, die Arbeiten

arbeiten,
du arbeitest,
er arbeitet

der **Arbeiter**, die Arbeiter

die **Arbeiterin**
die Arbeiterinnen

arm, ärmer,
am ärmsten

der **Arm**, die Arme

der **Arzt**, die Ärzte

die **Ärztin**, die Ärztinnen
der **Ast**, die Äste
auch
auf
die **Aufgabe**,
   die Aufgaben
das **Auge**, die Augen
der **August**
aus
der **Ausflug**, die Ausflüge
das **Auto**, die Autos

B b

das **Baby**, die Babys
der **Bach**, die Bäche
backen, du bäckst,
   er bäckt
der **Bäcker**, die Bäcker
die **Bäckerin**
   die Bäckerinnen
das **Bad**, die Bäder
baden, du badest,
   sie badet
der **Bagger**, die Bagger
die **Bahn**, die Bahnen
bald
der **Balkon**, die Balkone
der **Ball**, die Bälle
die **Banane**,
   die Bananen
die **Bank**, die Bänke
der **Bär**, die Bären
der **Bauch**, die Bäuche
bauen, du baust,
   er baut
der **Bauer**, die Bauern

der **Arzt**, die Ärzte

die **Bäuerin**,
die Bäuerinnen
der **Baum**, die Bäume
beginnen,
du beginnst,
sie beginnt
bei
beide
beim
das **Bein**, die Beine
beinahe
das **Beispiel**,
die Beispiele
beißen, du beißt,
er beißt
bekommen,
du bekommst,
sie bekommt
der **Berg**, die Berge
der **Beruf**, die Berufe
der **Besen**, die Besen
besonders
besser, gut, besser,
am besten
bestimmt
der **Besuch**, die Besuche

besuchen,
du besuchst,
sie besucht
das **Bett**, die Betten
die **Beule**, die Beulen
bevor
bewegen,
du bewegst, er bewegt
bezahlen,
du bezahlst,
sie bezahlt
die **Biene**, die Bienen
das **Bild**, die Bilder
billig, billiger,
am billigsten
ich **bin**
binden, du bindest,
er bindet
die **Birne**, die Birnen
bis
ein **bisschen**
du **bist**
bitte
bitten, du bittest,
sie bittet
das **Blatt**, die Blätter

blau

bleiben, du bleibst,
er bleibt

der **Bleistift**, die Bleistifte

blöd, blöder,
am blödesten

die **Blume**, die Blumen

bluten, du blutest,
sie blutet

der **Boden**, die Böden

die **Bohne**, die Bohnen

das **Boot**, die Boote

böse, böser,
am bösesten

der **Braten**, die Braten

braten, du brätst,
sie brät

brauchen,
du brauchst,
er braucht

braun

brav, braver,
am bravsten

brechen, du brichst,
sie bricht

brennen, du brennst,
er brennt

der **Brief**, die Briefe

die **Brille**, die Brillen

bringen, du bringst,
sie bringt

das **Brot**, die Brote

der **Bruder**, die Brüder

der **Bub**, die Buben

das **Buch**, die Bücher

bunt

der **Bus**, die Busse

die **Butter**

die **Beule**, die Beulen

C c

das **Chamäleon**,
    die Chamäleons
der **Cent**, die Cents
der **Chef**, die Chefs
die **Chefin**, die Chefinnen
der **Christbaum**,
    die Christbäume
das **Christkind**
der **Clown**, die Clowns
das **Cola**, die Colas
der **Computer**,
    die Computer
    cool, cooler,
    am coolsten
der **Cowboy**,
    die Cowboys

der **Clown**, die Clowns

D d

    dabei
das **Dach**, die Dächer
    damals
    danken, du dankst,
    er dankt
    dann
sie **darf**
die **Decke**, die Decken
    decken, du deckst,
    er deckt
    dein
    denken, du denkst,
    sie denkt
    denn
    deutsch
der **Dezember**
    dich
    dicht, dichter,
    am dichtesten
    dick, dicker,
    am dicksten
    dienen, du dienst,
    er dient

A B C D E F G H I J K L M N O P Q R S T U V W X Y Z

der **Dienstag**,
   die Dienstage
   diese
das **Ding**, die Dinge
der **Dinosaurier**,
   die Dinosaurier
   dir
   doch
der **Donnerstag**,
   die Donnerstage
das **Dorf**, die Dörfer
   dort
die **Dose**, die Dosen
   draußen
   drei
   dreißig

drücken, du drückst,
   sie drückt
du
dumm, dümmer,
   am dümmsten
dunkel, dunkler,
   am dunkelsten
dünn, dünner,
   am dünnsten
durch
dürfen, du darfst,
   er darf
der **Durst**
die **Dusche**, die Duschen
duschen, du duscht,
   sie duscht

dick, dicker, am dicksten

E e

eben

die **Ecke**, die Ecken

das **Ei**, die Eier

eigene

eigentlich

eilen, du eilst, sie eilt

einfach, einfacher,
am einfachsten

einige

einkaufen,
du kaufst ein,
er kauft ein

einmal

eins

einsam

das **Eis**

der **Elefant**, die Elefanten

elf

die **Eltern**

das **Ende**, die Enden

endlich

eng, enger,
am engsten

der **Engel**, die Engel

englisch

die **Ente**, die Enten

er

der **Erdapfel**,
die Erdäpfel

die **Erde**

erklären, du erklärst,
er erklärt

erlauben,
du erlaubst, sie erlaubt

erleben, du erlebst,
er erlebt

erschrecken,
du erschrickst,
er erschrickt

erst

erste

erzählen,
du erzählst, sie erzählt

es

der **Esel**, die Esel

das **Essen**

essen, du isst, er isst

etwa

etwas

euch

euer
eure
der **Euro**, die Euros
der **Eurocent**,
  die Eurocents
  ewig

F f

die **Fahne**,
  die Fahnen
  fahren, du fährst,
  sie fährt
das **Fahrrad**,
  die Fahrräder
die **Fahrt**, die Fahrten
  fallen, du fällst,
  er fällt
  falsch
die **Familie**, die Familien
  fangen, du fängst,
  sie fängt
die **Farbe**, die Farben
der **Fasching**
  fassen, du fasst,
  er fasst
  fast
der **Februar**
  fehlen, du fehlst,
  sie fehlt
der **Fehler**, die Fehler
die **Feier**, die Feiern

der **Engel**, die Engel

feiern, du feierst,
er feiert

fein, feiner,
am feinsten

der **Feind**, die Feinde

die **Feindin**,
die Feindinnen

das **Feld**, die Felder

das **Fenster**, die Fenster

die **Ferien**

fernsehen, du siehst
fern, sie sieht fern

fertig

fest, fester,
am festesten

das **Fest**, die Feste

das **Feuer**, die Feuer

der **Film**, die Filme

finden, du findest,
er findet

der **Finger**, die Finger

die **Firma**, die Firmen

der **Fisch**, die Fische

die **Flasche**,
die Flaschen

das **Fleisch**

der **Fleck**, die Flecken

fleißig, fleißiger,
am fleißigsten

die **Fliege**, die Fliegen

fliegen, du fliegst,
sie fliegt

fliehen, du fliehst,
er flieht

fließen, du fließt,
sie fließt

der **Floh**, die Flöhe

der **Flügel**, die Flügel

das **Flugzeug**,
die Flugzeuge

der **Fluss**, die Flüsse

folgen, du folgst,
er folgt

fort

das **Foto**, die Fotos

fragen, du fragst,
sie fragt

die **Frau**, die Frauen

frech, frecher,
am frechsten

frei, freier,
am freiesten

der **Freitag**, die Freitage

fremd, fremder,

am fremdesten

fressen, du frisst,

er frisst

sich **freuen**,

du freust dich,

sie freut sich

der **Freund**,

die Freunde

die **Freundin**,

die Freundinnen

freundlich,

freundlicher,

am freundlichsten

der **Frieden** [**Friede**]

frisch, frischer,

am frischesten

sie **frisst**

froh

früh, früher,

am frühesten

der **Frühling**

das **Frühstück**,

die Frühstücke

der **Fuchs**, die Füchse

fühlen, du fühlst,

er fühlt

führen, du führst,

sie führt

die **Füllfeder**,

die Füllfedern

fünf

fünfzig

für

der **Fuß**, die Füße

füttern, du fütterst,

er füttert

der **Fleck**, die Flecken

G g

die **Gabel**,
die Gabeln
gähnen, du gähnst,
sie gähnt
der **Gang**, die Gänge
die **Gans**, die Gänse
ganz
gar
der **Garten**, die Gärten
geben, du gibst,
er gibt
das **Gebirge**, die Gebirge
die **Geburt**, die Geburten
der **Geburtstag**,
die Geburtstage
geduldig, geduldiger,
am geduldigsten
die **Gefahr**, die Gefahren
gefährlich,
gefährlicher,
am gefährlichsten
gefallen, du gefällst,
sie gefällt

gegen
der **Gegenstand**,
die Gegenstände
das **Geheimnis**,
die Geheimnisse
gehen, du gehst,
er geht
der **Geist**, die Geister
gelb
das **Geld**, die Gelder
gemein, gemeiner,
am gemeinsten
gemeinsam
das **Gemüse**
genau, genauer,
am genauesten
genug
gerade
gern, lieber,
am liebsten
das **Geschäft**,
die Geschäfte
das **Geschenk**,
die Geschenke
die **Geschichte**,
die Geschichten

A
B
C
D
E
F
G
H
I
J
K
L
M
N
O
P
Q
R
S
T
U
V
W
X
Y
Z

das **Geschirr**

das **Gesicht**,
die Gesichter

gestern

gesund, gesünder,
am gesündesten

die **Gesundheit**

gewinnen,
du gewinnst,
sie gewinnt

er **gibt**

gießen, du gießt,
sie gießt

giftig, giftiger,
am giftigsten

das **Glas**, die Gläser

glatt, glatter,
am glattesten

glauben, du glaubst,
er glaubt

gleich

die **Glocke**, die Glocken

das **Glück**

graben, du gräbst,
sie gräbt

das **Gras**, die Gräser

grau

greifen, du greifst,
er greift

die **Grenze**, die Grenzen

groß, größer,
am größten

die **Großeltern**

grün

der **Grund**, die Gründe

die **Gruppe**, die Gruppen

grüßen, du grüßt,
sie grüßt

gut, besser,
am besten

graben, du gräbst, sie gräbt

26

H h

das **Haar**, die Haare
haben, du hast,
er hat
halb
der **Hals**, die Hälse
sie **hält**
halten, du hältst,
er hält
der **Hammer**,
die Hämmer
die **Hand**, die Hände
handeln,
du handelst,
sie handelt
das **Handy**, die Handys
hängen, du hängst,
er hängt
hart, härter,
am härtesten
der **Hase**, die Hasen
du **hast**
er **hat**
das **Haus**, die Häuser

die **Hausaufgabe**,
die Hausaufgaben
nach **Hause**
zu **Hause**
die **Hausübung**,
die Hausübungen
heben, du hebst,
sie hebt
das **Heft**, die Hefte
heiß, heißer,
am heißesten
heißen, du heißt,
er heißt
heizen, du heizt,
sie heizt
helfen, du hilfst,
er hilft
hell, heller,
am hellsten
das **Hemd**, die Hemden
her
heraus
der **Herbst**
herein
der **Herr**, die Herren
herunter

27

das **Herz**, die Herzen

heute

die **Hexe**, die Hexen

sie **hielt**

hier

er **hilft**

der **Himmel**, die Himmel

hin

hinaus

hinein

hinten

hinter

hoch, höher, am höchsten

der **Hof**, die Höfe

hoffen, du hoffst, er hofft

hoffentlich

holen, du holst, sie holt

das **Holz**, die Hölzer

hören, du hörst, er hört

der **Hort**, die Horte

die **Hose**, die Hosen

der **Hund**, die Hunde

die **Hündin**, die Hündinnen

hundert

der **Hunger**

der **Husten**

der **Hut**, die Hüte

hängen, du hängst, er hängt

I i

ich
der **Igel**, die Igel
ihm
ihn
ihnen
ihr
im
immer
in
der **Indianer**, die Indianer
die **Indianerin**,
die Indianerinnen
innen
ins
die **Insel**, die Inseln
sich **irren**, du irrst dich,
er irrt sich
sie **isst**
er **ist**

J j

ja
die **Jacke**, die Jacken
der **Jaguar**, die Jaguare
das **Jahr**, die Jahre
der **Jänner**
die **Jause**, die Jausen
jede
jemand
jetzt
jubeln, du jubelst,
er jubelt
der **Juli**
jung, jünger,
am jüngsten
der **Junge**, die Jungen
der **Juni**

der **Igel**, die Igel

jubeln, du jubelst, er jubelt

K k

der **Käfer**, die Käfer
der **Kaffee**, die Kaffees
der **Kakao**, die Kakaos
kalt, kälter,
am kältesten
der **Kamm**, die Kämme
er **kann**
die **Kanne**, die Kannen
du **kannst**
kaputt, kaputter,
am kaputtesten
die **Karotte**, die Karotten
die **Karte**, die Karten
die **Kartoffel**,
die Kartoffeln
der **Karton**, die Kartons
der **Käse**, die Käse
die **Kassa**, die Kassen
der **Kasten**, die Kästen
die **Katze**, die Katzen
kaufen, du kaufst,
sie kauft
kein

der **Keller**, die Keller
kennen, du kennst,
er kennt
die **Kerze**, die Kerzen
das **Kilo**, die Kilos
das **Kind**, die Kinder
das **Kino**, die Kinos
die **Kirche**, die Kirchen
die **Kirsche**, die Kirschen
die **Kiste**, die Kisten
klar, klarer,
am klarsten
die **Klasse**, die Klassen
kleben, du klebst,
sie klebt
das **Kleid**, die Kleider
klein, kleiner,
am kleinsten
klingen, du klingst,
er klingt
klug, klüger,
am klügsten
das **Knie**, die Knie
knurren, du knurrst,
sie knurrt
der **Koch**, die Köche

kochen, du kochst, er kocht

die **Köchin**, die Köchinnen

der **Koffer**, die Koffer

kommen, du kommst, sie kommt

der **König**, die Könige

die **Königin**, die Königinnen

können, du kannst, er kann

der **Kopf**, die Köpfe

der **Korb**, die Körbe

das **Korn**, die Körner

kosten, du kostest, sie kostet

der **Krach**

krank, kränker, am kränksten

kratzen, du kratzt, er kratzt

der **Kreis**, die Kreise

kriegen, du kriegst, sie kriegt

das **Krokodil**, die Krokodile

die **Küche**, die Küchen

die **Kuh**, die Kühe

kurz, kürzer, am kürzesten

der **Kuss**, die Küsse

der **Käse**, die Käse

L l

lachen, du lachst, er lacht

der **Laden**, die Läden

die **Lampe**, die Lampen

das **Land**, die Länder

lang, länger, am längsten

langsam, langsamer, am langsamsten

der **Lärm**

lass

lassen, du lässt, sie lässt

die **Last**, die Lasten

laufen, du läufst, er läuft

laut, lauter, am lautesten

das **Leben**, die Leben

leben, du lebst, sie lebt

leer

legen, du legst, er legt

der **Lehrer**, die Lehrer

die **Lehrerin** die Lehrerinnen

leicht, leichter, am leichtesten

leiden, du leidest, er leidet

leidtun, du tust mir leid, sie tut mir leid

leise, leiser, am leisesten

lernen, du lernst, sie lernt

lesen, du liest, er liest

letzte

die **Leute**

das **Licht**, die Lichter

lieb, lieber, am liebsten

lieben, du liebst, sie liebt

das **Lied**, die Lieder

liegen, du liegst, er liegt

sie **liest**

das **Lineal**, die Lineale

linke

links

loben, du lobst,
sie lobt

das **Loch**, die Löcher

der **Löffel**, die Löffel

los

der **Löwe**, die Löwen

die **Löwin**, die Löwinnen

die **Luft**, die Lüfte

lustig, lustiger,
am lustigsten

lieben, du liebst, sie liebt

M m

machen, du machst,
sie macht

das **Mädchen**,
die Mädchen

ich **mag**

der **Mai**

malen, du malst,
sie malt

die **Mama**, die Mamas

man

manchmal

der **Mann**, die Männer

der **Mantel**, die Mäntel

die **Mappe**, die Mappen

das **Märchen**,
die Märchen

der **März**

die **Mathematik**

die **Mauer**, die Mauern

die **Maus**, die Mäuse

das **Meer**, die Meere

mehr, viel, mehr,
am meisten

mein

meinen, du meinst,
er meint

melden, du meldest,
sie meldet

die **Menge**, die Mengen

der **Mensch**,
die Menschen

merken, du merkst,
er merkt

messen, du misst,
sie misst

das **Messer**, die Messer

der **Meter**, die Meter

die **Milch**

er **misst**

der **Mist**

der **Mittag**, die Mittage

die **Mitte**

der **Mittwoch**,
die Mittwoche

ich **möchte**

mögen, du magst,
er mag

möglich

der **Monat**, die Monate

der **Mond**, die Monde

der **Montag**, die Montage

der **Morgen**, die Morgen

morgens

müde, müder,
am müdesten

die **Mühe**, die Mühen

der **Müll**

der **Mund**, die Münder

die **Musik**

müssen, du musst,
sie muss

der **Mut**

mutig, mutiger,
am mutigsten

die **Mutter**, die Mütter

die **Mütze**, die Mützen

das **Messer**, die Messer

N n

nach
nachher
der **Nachmittag**,
 die Nachmittage
nächste
die **Nacht**, die Nächte
die **Nadel**, die Nadeln
der **Nagel**, die Nägel
nah, näher,
 am nächsten
der **Name**, die Namen
nämlich
naschen, du nascht,
 er nascht
die **Nase**, die Nasen
nass, nasser,
 am nassesten
neben
nehmen, du nimmst,
 sie nimmt
nein
nennen, du nennst,
 er nennt

das **Nest**, die Nester
nett, netter,
 am nettesten
neu, neuer,
 am neuesten
neun
nicht
nichts
nie
niemand
das **Nilpferd**,
 die Nilpferde
sie **nimmt**
noch
die **Not**, die Nöte
der **November**
nun
nur
die **Nuss**, die Nüsse

das **Nilpferd**, die Nilpferde

O o

ob
oben
das **Obst**
oder
der **Ofen**, die Öfen
offen
öffnen, du öffnest,
er öffnet
oft
ohne
das **Ohr**, die Ohren
der **Oktober**
das **Öl**, die Öle

die **Oma**, die Omas
der **Onkel**, die Onkel
der **Opa**, die Opas
orange
die **Orange**, die Orangen
ordentlich,
ordentlicher,
am ordentlichsten
ordnen, du ordnest,
sie ordnet
der **Ort**, die Orte
Ostern
Österreich
der **Otter**, die Otter
der **Ozean**, die Ozeane

die **Oma**, die Omas

P p

paar

das **Paar**, die Paare

packen, du packst, er packt

das **Paket**, die Pakete

der **Papa**, die Papas

das **Papier**, die Papiere

der **Park**, die Parks

der **Pass**, die Pässe

passen, du passt, es passt

passieren, du passierst, es passiert

die **Pause**, die Pausen

das **Pech**

die **Person**, die Personen

das **Pferd**, die Pferde

die **Pflanze**, die Pflanzen

pflanzen, du pflanzt, er pflanzt

picken, du pickst, sie pickt

die **Pizza**, die Pizzas [Pizzen]

der **Plan**, die Pläne

der **Platz**, die Plätze

plötzlich

die **Polizei**

der **Popo**, die Popos

die **Post**

der **Preis**, die Preise

probieren, du probierst, sie probiert

prüfen, du prüfst, er prüft

der **Pullover**, die Pullover

der **Punkt**, die Punkte

die **Puppe**, die Puppen

putzen, du putzt, sie putzt

picken, du pickst, er pickt

A B C D E F G H I J K L M N O **P** Q R S T U V W X Y Z

37

Q q

quaken,
du quakst,
er quakt
die **Qualle**, die Quallen
das **Quartett**,
die Quartette
der **Quatsch**
quatschen,
du quatscht,
sie quatscht
die **Quelle**, die Quellen
quer
quietschen,
du quietscht,
er quietscht

quatschen, du quatscht, sie quatscht

R r

das **Rad**, die Räder
das **Radio**, die Radios
rasch, rascher,
am raschesten
rasen, du rast, er rast
raten, du rätst, sie rät
der **Raum**, die Räume
rechnen,
du rechnest,
er rechnet
rechte
rechts
reden, du redest,
sie redet
das **Regal**, die Regale
der **Regen**
regnen, es regnet
das **Reh**, die Rehe
reich, reicher,
am reichsten
die **Reihe**, die Reihen
der **Reis**
die **Reise**, die Reisen

38

reisen, du reist,
er reist

reißen, du reißt,
sie reißt

rennen, du rennst,
er rennt

retten, du rettest,
sie rettet

richtig

riechen, du riechst,
er riecht

der **Riese**, die Riesen

die **Riesin**, die Riesinnen

sie **riet**

der **Ring**, die Ringe

der **Rock**, die Röcke

die **Rodel**, die Rodeln

rodeln, du rodelst,
er rodelt

rollen, du rollst,
sie rollt

die **Rose**, die Rosen

rot

der **Rücken**, die Rücken

der **Rucksack**,
die Rucksäcke

rufen, du rufst, er ruft

ruhig, ruhiger,
am ruhigsten

rund, runder,
am rundesten

die **Rutsche**,
die Rutschen

rutschen, du rutscht,
sie rutscht

der **Riese**, die Riesen

A
B
C
D
E
F
G
H
I
J
K
L
M
N
O
P
Q
R
S
T
U
V
W
X
Y
Z

S s

die **Sache**, die Sachen
der **Sachunterricht**
der **Saft**, die Säfte
sagen, du sagst,
er sagt
der **Samstag**,
die Samstage
der **Sand**
der **Satz**, die Sätze
sauber, sauberer,
am saubersten
sauer, saurer,
am sauersten
scharf, schärfer,
am schärfsten
schauen, du schaust,
sie schaut
scheinen,
du scheinst, er scheint
schenken,
du schenkst,
sie schenkt
die **Schere**, die Scheren

der **Schi**, die Schier
schicken,
du schickst, er schickt
schief, schiefer,
am schiefsten
das **Schiff**, die Schiffe
das **Schild**, die Schilder
schlafen, du schläfst,
sie schläft
schlagen,
du schlägst, er schlägt
die **Schlange**,
die Schlangen
schlau, schlauer,
am schlausten
schlecht, schlechter,
am schlechtesten
schließen,
du schließt,
sie schließt
der **Schlitten**,
die Schlitten
der **Schluss**,
die Schlüsse
der **Schlüssel**,
die Schlüssel

schmecken,
du schmeckst,
er schmeckt

schmücken,
du schmückst,
sie schmückt

schmutzig,
schmutziger,
am schmutzigsten

der **Schnee**

schneiden,
du schneidest,
er schneidet

schnell, schneller,
am schnellsten

der **Schnupfen**

die **Schokolade**,
die Schokoladen

schon

schön, schöner,
am schönsten

der **Schrank**,
die Schränke

schreiben,
du schreibst,
sie schreibt

schreien, du
schreist, er schreit

die **Schrift**, die Schriften

der **Schuh**, die Schuhe

die **Schule**, die Schulen

der **Schüler**, die Schüler

die **Schülerin**,
die Schülerinnen

die **Schultasche**,
die Schultaschen

der **Schuss**, die Schüsse

die **Schüssel**,
die Schüsseln

schwach,
schwächer,
am schwächsten

schwarz

das **Schwein**,
die Schweine

schwer, schwerer,
am schwersten

die **Schwester**,
die Schwestern

schwimmen,
du schwimmst,
sie schwimmt

sechs

der **See**, die Seen

sehen, du siehst,
er sieht

sehr

ihr **seid**

die **Seife**, die Seifen

das **Seil**, die Seile

sein, ich bin, du bist,
sie ist

seit

die **Seite**, die Seiten

selber

selbst

selten, seltener,
am seltensten

seltsam

die **Semmel**,
die Semmeln

senden, du sendest,
sie sendet

der **September**

servus

der **Sessel**, die Sessel

setzen, du setzt dich,
er setzt sich

sich

sicher, sicherer,
am sichersten

sie

das **Sieb**, die Siebe

sieben

siebzig

siegen, du siegst,
sie siegt

er **sieht**

wir **sind**

singen, du singst,
sie singt

sinken, du sinkst,
sie sinkt

sitzen, du sitzt,
er sitzt

der **Ski**, die Skier

der **Socken**, die Socken

sofort

sogar

der **Sohn**, die Söhne

sollen, du sollst,
sie soll

der **Sommer**,
die Sommer

sondern
die **Sonne**, die Sonnen
der **Sonntag**,
die Sonntage
sonst
die **Sorte**, die Sorten
spannend,
spannender,
am spannendsten
sparen, du sparst,
er spart
der **Spaß**, die Späße
spät, später,
am spätesten
der **Spiegel**, die Spiegel
das **Spiel**, die Spiele
spielen, du spielst,
sie spielt
spitz, spitzer,
am spitzesten
der **Sport**
sprechen,
du sprichst,
sie spricht
springen,
du springst, er springt

der **Staat**, die Staaten
die **Stadt**, die Städte
die **Stange**, die Stangen
der **Stall**, die Ställe
stark, stärker,
am stärksten
der **Start**, die Starts
der **Staub**
stecken, du steckst,
sie steckt
stehen, du stehst,
er steht
steigen, du steigst,
sie steigt
der **Stein**, die Steine
stellen, du stellst,
er stellt
der **Stern**, die Sterne
der **Stift**, die Stifte
still, stiller,
am stillsten
stimmen,
du stimmst, es stimmt
der **Stoff**, die Stoffe
stolz, stolzer,
am stolzesten

stoßen, du stößt, er stößt

die **Straße**, die Straßen

der **Streit**, die Streite

streng, strenger, am strengsten

die **Stube**, die Stuben

das **Stück**, die Stücke

der **Stuhl**, die Stühle

die **Stunde**, die Stunden

stürzen, du stürzt, er stürzt

suchen, du suchst, sie sucht

die **Suppe**, die Suppen

süß, süßer, am süßesten

schön, schöner, am schönsten

T t

die **Tafel**, die Tafeln

der **Tag**, die Tage

die **Tante**, die Tanten

tanzen, du tanzt, sie tanzt

die **Tasche**, die Taschen

die **Tasse**, die Tassen

tausend

der **Tee**

der
das **Teil**, die Teile

teilen, du teilst, er teilt

das **Telefon**, die Telefone

telefonieren, du telefonierst, sie telefoniert

der **Teller**, die Teller

teuer, teurer, am teuersten

der **Text**, die Texte

tief, tiefer, am tiefsten

das **Tier**, die Tiere

der **Tiger**, die Tiger

der **Tisch**, die Tische
die **Tochter**, die Töchter
todmüde
toll, toller, am tollsten
der **Topf**, die Töpfe
das **Tor**, die Tore
die **Torte**, die Torten
tot
tragen, du trägst,
sie trägt
der **Traum**, die Träume
traurig, trauriger,
am traurigsten
treffen, du triffst,
er trifft
trennen, du trennst,
sie trennt

treten, du trittst,
er tritt
treu, treuer,
am treuesten
sie **trifft**
trinken, du trinkst,
sie trinkt
er **tritt**
trocken, trockener,
am trockensten
trotzdem
das **Tuch**, die Tücher
tun, du tust, er tut
die **Tür**, die Türen
turnen, du turnst,
sie turnt

tanzen, du tanzt, sie tanzt

45

U u

üben, du übst, er übt
über
die **Überraschung**,
die Überraschungen
überall
überhaupt
übrig
die **Übung**, die Übungen
die **Uhr**, die Uhren
der **Uhu**, die Uhus
und
der **Unfall**, die Unfälle
uns
unter
der **Unterricht**
der **Urlaub**, die Urlaube

V v

der **Vater**, die Väter
vergessen,
du vergisst, er vergisst
verkaufen,
du verkaufst,
er verkauft
der **Verkehr**
sich **verkleiden**,
du verkleidest dich,
sie verkleidet sich
verletzen,
du verletzt, er verletzt
verlieren,
du verlierst, sie verliert
verstecken,
du versteckst,
er versteckt
verstehen,
du verstehst,
sie versteht
versuchen,
du versuchst,
er versucht

die Überraschung, die Überraschungen

W w

viel, mehr,
am meisten
vielleicht
vier
vierzig
der **Vogel**, die Vögel
das **Volk**, die Völker
voll, voller,
am vollsten
vom
von
vor
vorbei
der **Vorhang**,
die Vorhänge
vorher
der **Vormittag**,
die Vormittage
vorsichtig,
vorsichtiger,
am vorsichtigsten

der **Vorhang**, die Vorhänge

wach, wacher,
am wachsten
wachen, du wachst,
er wacht
wachsen, du wächst,
sie wächst
der **Wagen**, die Wagen
wählen, du wählst,
er wählt
wahr
während
der **Wald**, die Wälder
die **Wand**, die Wände
wandern,
du wanderst,
sie wandert
wann
es **war**
warm, wärmer,
am wärmsten
warten, du wartest,
er wartet
warum

was
waschen, du wäscht,
sie wäscht
das **Wasser**, die Wässer
weg
der **Weg**, die Wege
wegen
wehtun, du tust weh,
er tut weh
weich, weicher,
am weichsten
Weihnachten
weil
weinen, du weinst,
sie weint
ich **weiß**
weiß
weit, weiter,
am weitesten
weiter
welche
die **Welt**, die Welten
wem
wen
wenig, weniger,
am wenigsten

wenn
wer
werden, du wirst,
er wird
werfen, du wirfst,
sie wirft
das **Wetter**
wickeln, du wickelst,
sie wickelt
wie
wieder
die **Wiese**, die Wiesen
wild, wilder,
am wildesten
er **will**
der **Wind**, die Winde
der **Winter**, die Winter
wir
sie **wird**
er **wirft**
wirklich
wissen, du weißt,
sie weiß
wo
die **Woche**, die Wochen
wohl

wohnen,
du wohnst,
er wohnt
die **Wohnung**,
die Wohnungen
die **Wolke**, die Wolken
wollen, du willst,
sie will
das **Wort**, die Wörter
der **Wunsch**,
die Wünsche
wünschen,
du wünscht,
er wünscht
der **Wurm**, die Würmer
die **Wurst**, die Würste

X x

das **Xylophon**,
die Xylophone

Y y

der **Yeti**,
die Yetis
das **Ypsilon**,
die Ypsilons

der **Wurm**, die Würmer

der **Yeti**, die Yetis

Z z

die **Zahl**, die Zahlen

zahlen, du zahlst,
er zahlt

zählen, du zählst,
sie zählt

der **Zahn**, die Zähne

das **Zebra**, die Zebras

zehn

zeichnen,
du zeichnest,
er zeichnet

zeigen, du zeigst,
sie zeigt

die **Zeile**, die Zeilen

die **Zeit**, die Zeiten

die **Zeitung**,
die Zeitungen

der **Zettel**, die Zettel

ziehen, du ziehst,
er zieht

das **Zimmer**, die Zimmer

der **Zirkus**, die Zirkusse

der **Zoo**, die Zoos

zornig, zorniger,
am zornigsten

der **Zucker**

zuerst

der **Zug**, die Züge

zuletzt

zurück

zusammen

zwanzig

zwei

der **Zweig**, die Zweige

der **Zwerg**, die Zwerge

zwischen

zwölf

der **Zwerg**, die Zwerge

Ferien = der Urlaub,
die Erholungszeit
s Fer|kel,
die Ferkel
= das junge
Schwein
fern =
fern|se
→ seh

die Hei|del|bee|re,
die Heidelbeeren
= eine Frucht

kräftig

Die große Wörterwelt

der Prinz, die Prin|zes|sin,
die Prinzen,
die Prinzessinnen
= der Sohn/
die Tochter des
Königspaares
pri|vat = vertraut,
persönlich
Pro|be, die Proben
= der Versuch, die Übung
pro|bie|ren, du probierst
= versuchen, kosten

tschen,
klatsch(s),
atschen,
plaudieren
u|ben, du klaubst
aufheben, pflücken

Meine Lieblingswörter:

A a

der **Aal**, die Aale = ein Fisch

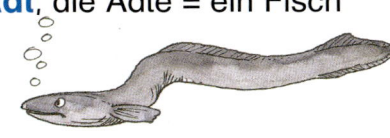

ab

> **ab** ➤ ab morgen
> *Mit **ab-** kannst du Wörter*
> *bauen: **ab|fahren**,*
> ***Ab|sender**, **ab|sichtlich**.*
> *Wenn du ein Wort unter **ab-***
> *nicht findest, dann mache*
> *Folgendes: Suchst du*
> ***ab|kaufen**, schau bei*
> ***kaufen** nach!*

die **Ab|bil|dung**,
    die Abbildungen = ein Bild
    in einem Buch
das **ABC** = das Alphabet
der **Abend**, die Abende
    = die Zeit nach dem
    Nachmittag

> *Du schreibst groß: am*
> ***Abend**, heute **Abend**,*
> *zu **Abend** essen, guten*
> ***Abend**. Du schreibst klein:*
> ***abends**.*

das **Aben|teuer**,
    die Abenteuer
    = ein tolles Erlebnis

aber = allerdings, jedoch
der **Ab|fall**,
    die Abfälle = der Müll
ab|hau|en, du haust ab
    = weggehen, fortlaufen
ab|ho|len, du holst ab
    = mitnehmen, verhaften
der **Ab|ge|ord|ne|te**,
    die **Ab|ge|ord|ne|te**,
    die Abgeordneten
    = die Politikerinnen
    im Parlament
die **Ab|kür|zung**,
    die Abkürzungen
    (Abk.) = die Kurzform
ab|rei|ßen, du reißt ab
    → reißen; = abtrennen,
    vernichten
der **Ab|satz**,
    die Absätze

    ➤ der Textabsatz,
    der Schuhabsatz
der **Ab|schied**, die Abschiede
    = die Trennung
der **Ab|schnitt**, die Abschnitte
    = der Absatz, der Teil
ab|schrei|ben,
    du schreibst ab
    → schreiben;
    = (unerlaubt) übernehmen

A a

der **Ab|sen|der**,
   die **Ab|sen|de|rin**
   die Absender**innen**
   = der/die Schreiber**in**
   ab|sicht|lich
   = mit Absicht, bewusst
   ab|tei|len, du teilst ab
   = trennen
die **Ab|tei|lung**,
   die Abteilungen
   ➤ die Kinderabteilung
   ab|trock|nen, du trocknest
   ab = trocken machen
   ab|wa|schen, du wäscht
   ab → waschen; = spülen
   ab|wech|selnd = eine
   Person nach der anderen
die **Ab|zwei|gung**,
   die Abzweigungen
   = die Weggabelung

ac

die **Ach|sel**, die Achseln
   = ein Körperteil
   acht = die Ziffer 8

> *Du schreibst groß: der*
> ***Achter**, die **Achte** in der*
> *Reihe. Gib **Acht**!*
> *Du schreibst klein: um **acht***
> *(Uhr), ich bin **acht** (Jahre*
> *alt), **achtmal**, **achtzehn**,*
> ***achtzig**.*

Acht ge|ben, [**acht|ge|ben**]
   du gibst Acht [acht]
   → geben; = beachten
die **Ach|tung**, die Achtungen
   = der Respekt,
   die Rücksicht
der **Acker**, die Äcker
   = das Feld

ad

   ad|die|ren,
   du addierst
   = zusammenzählen
die **Ad|di|tion**,
   die Additionen
   = die Undrechnung
die **Ader**, die Adern
   ➤ die Blutader
das **Ad|jek|tiv**, die Adjektive
   = das Eigenschaftswort,
   das Wiewort
der **Ad|ler**, die Adler
   = ein Raubvogel
die **Ad|res|se**, die Adressen
   = die Anschrift
der **Ad|vent** = die Zeit
   vor Weihnachten

af

der **Af|fe**,
   die Affen
   = ein Säugetier

54

A a

Af|ri|ka = ein Erdteil

ag

ag|gres|siv = gewaltbereit

ah/äh

ähn|lich = fast gleich

die **Ähn|lich|keit**,
die Ähnlichkeiten
= die Vergleichbarkeit

die **Ah|nung**, die Ahnungen
= die Vermutung

der **Ahorn**, die Ahorne
= ein Laubbaum

ai

Aids [**AIDS**]
= eine Krankheit

ak

der **Ak|ku|sa|tiv**, die Akkusative
= der vierte Fall,
der Wenfall

ak|tu|ell = neu

al

der **Alarm**, die Alarme
= das Warnsignal

alar|mie|ren,
du alarmierst = warnen

der **Alb|traum** [**Alp|traum**],
die Albträume
= ein
schrecklicher
Traum

das **Al|bum**,
die Alben
➤ das
Fotoalbum

das ~~Al|fa|bet~~ → Alphabet

der **Al|ko|hol**, die Alkohole
= Bier, Wein, Schnaps

al|ko|hol|frei
= ohne Alkohol

Al|lah = der Gott im Islam

al|le = jeder

al|lein = einsam,
ohne Hilfe

die **Al|ler|gie**, die Allergien
= eine Krankheit

al|ler|gisch ➤ auf Staub
allergisch sein

Al|ler|hei|li|gen
= ein christliches Fest
am 1. November

Al|ler|see|len
= ein christliches Fest
am 2. November

al|les = total, absolut,
das Ganze

*Nach **alles** schreibst du
allein stehende Wiewörter
groß: **alles Gute** zum
Geburtstag, **alles Mögliche***

all|ge|mein = gesamt

der **All|tag** = der Wochentag

55

A a

die **Alm**, die Almen
= die Bergwiese
die **Alpen** = ein Gebirge
das **Al|pha|bet**, die Alphabete
= das ABC
al|pha|be|tisch
= nach dem Alphabet
der **Alp|traum** [**Alb|traum**],
die Alpträume
= ein schrecklicher Traum
als = nachdem, während;
➤ größer als mein Freund
al|so = jedenfalls, daher
alt, älter, am ältesten
= bejahrt, nicht jung,
ungenießbar
das **Al|ter**, die Alter
= die Anzahl
der Lebensjahre
das **Alt|pa|pier**
= das gebrauchte Papier
am

am = an dem,
➤ am Fenster stehen
die **Amei|se**,
die Ameisen
= ein Insekt
Ame|ri|ka
= ein Erdteil
die **Am|pel**, die Ampeln
➤ die Verkehrsampel

die **Am|sel**, die Amseln
= ein Singvogel
sich **amü|sie|ren**,
du amüsierst
dich = sich
vergnügen
an/än

an ➤ an der Tafel
schreiben

> *Mit **an-** kannst du Wörter
> bauen: **An|fang**,
> **an|geblich**, **an|rufen**.
> Wenn du ein Wort unter
> **an-** nicht findest, dann
> mache Folgendes:
> Suchst du **anklopfen**,
> schau bei **klopfen** nach!*

die **Ana|nas**, die Ananas
= eine Frucht
an|dau|ernd
= ohne Unterbrechung
das **An|den|ken**,
die Andenken
= die Erinnerung
der
die **an|de|re**, die anderen
das
= nicht der-, die-, dasselbe
än|dern, du änderst
= anders machen
an|ders = verschieden
an|ei|n|an|der
= zusammen

56

der **An|fang**, die Anfänge
= der Beginn
an|fan|gen, du fängst an,
er fing an, sie hat
angefangen = beginnen
der **An|fän|ger**,
die **An|fän|ge|rin**
die Anfängerinnen
= der/die Beginnerin
an|fas|sen, du fasst an
= angreifen, berühren
das **An|füh|rungs|zei|chen**,
die Anführungszeichen
= „ " = ein Satzzeichen
an|ge|ben, du gibst an
→ geben; = aufschneiden,
prahlen
der **An|ge|ber**,
die **An|ge|be|rin**
die Angeberinnen
= der/die Aufschneiderin
an|geb|lich = scheinbar
an|geln,
du angelst
= fischen
an|ge|nehm
= erfreulich
der **An|ge|stell|te**,
die **An|ge|stell|te**
die Angestellten
➤ der/die Büroangestellte

die **An|gi|na** = eine Krankheit
an|grei|fen, du greifst an
→ greifen; = anfassen,
attackieren
die **Angst**, die Ängste
Angst ha|ben, du hast
Angst = sich fürchten
ängst|lich = furchtsam
sich **an|gur|ten**, du gurtest dich
an = sich anschnallen
der **An|hän|ger**,
die Anhänger
➤ der Anhänger
vom Traktor
der **An|hän|ger**,
die **An|hän|ge|rin**
die Anhängerinnen
= der Fan
an|kreu|zen, du kreuzt an
= anzeichnen
die **An|kunft**, die Ankünfte
= das Eintreffen
der **An|lass**, die Anlässe
= der Grund
die **An|nah|me**, die Annahmen
= die Vermutung,
der Erhalt
der **An|o|rak**, die Anoraks
= eine Winterjacke
an|pa|cken, du packst an
= mithelfen

an|ru|fen, du rufst an
→ rufen; = telefonieren
ans = an das;
➤ ans Telefon gehen
die **An|sa|ge**, die Ansagen
= die Mitteilung, das Diktat
der **An|schluss**,
die Anschlüsse
➤ der Internetanschluss
sich **an|schnal|len**,
du schnallst dich an
= sich angurten
an|stän|dig = brav, höflich
an|ste|ckend
➤ eine ansteckende
Krankheit
sich **an|stren|gen**, du strengst
dich an = sich bemühen
an|stren|gend
= mühevoll, schwer
die **An|ten|ne**, die Antennen
➤ die Fernsehantenne
die **Ant|wort**, die Antworten
= die Entgegnung,
die Erwiderung
ant|wor|ten, du antwortest
= entgegnen, erwidern
der **An|walt**, die **An|wäl|tin**,
die Anwälte,
die Anwältinnen
= ein Jurist, eine Juristin

die **An|zei|ge**, die Anzeigen
= eine Nachricht,
ein Angebot
sich **an|zie|hen**, du ziehst dich
an → ziehen,
= sich bekleiden
der **An|zug**, die Anzüge
= eine Hose mit Jacke;
➤ Ein Gewitter ist im Anzug.
an|zün|den, du zündest an
= zum Brennen bringen
ap
der **Ap|fel**, die Äpfel
= ein Kernobst
die **Apo|the|ke**, die Apotheken
= das Geschäft
für Medikamente
der **Ap|pa|rat**, die Apparate
= das Gerät
der **Ap|pe|tit**
= der Hunger
ap|plau|die|ren,
du applaudierst
= Beifall klatschen
der **April** = der vierte Monat
aqu
das **Aqua|ri|um**, die Aquarien
= ein Wasserbehälter für
Fische
ar/är
die **Ar|beit**, die Arbeiten

A a

ar|bei|ten, du arbeitest

ar|beits|los = ohne Arbeit

der **Ar|chi|tekt**,
die **Ar|chi|tek|tin**,
die Architekten,
die Architektinnen
= der/die Hausplaner in

arg, ärger, am ärgsten
= schlimm

der **Är|ger** = der Zorn, die Wut

är|ger|lich = böse, wütend

sich **är|gern**, du ärgerst dich
= wütend sein

arm, ärmer, am ärmsten

der **Arm**,
die Arme

der **Är|mel**, die Ärmel
➤ ein langärm(e)liger
Pullover

ar|ro|gant = überheblich,
unhöflich

ar|tig = brav, lieb

der **Ar|ti|kel**, die Artikel
= der Aufsatz, der Begleiter

der ~~Artzt~~ → der Arzt

die **Arz|nei**, die Arzneien
= das Heilmittel

der **Arzt**, die **Ärz|tin**,
die Ärzte,
die Ärztinnen
= ein Doktor, eine Doktorin

as

die **Asche**, die Aschen
➤ der Aschenbecher

Asi|en = ein Erdteil

der **As|phalt**
= ein Straßenbelag

das **Ass**, die Asse
= eine Spielkarte,
der/die Beste

sie **aß** → essen

der **As|sis|tent**,
die **As|sis|ten|tin**
die Assistenten,
die Assistentinnen
= der/die Helfer in

der **Ast**, die Äste

der **As|tro|naut**,
die **As|tro|nau|tin**,
die Astronauten,
die Astronautinnen
= der/die Weltraumfahrer in

at/ät

der **Atem**

der **At|lan|tik** = ein Ozean

der **At|las**, die Atlanten
[Atlasse] = ein Buch mit
Landkarten

at|men, du atmest
= Luft holen, leben

das **Atom**, die Atome
= ein kleinstes Teilchen

A a

das **Atom|kraft|werk**,
    die Atomkraftwerke
    = ein Gebäude, wo Strom
    erzeugt wird
    ät|zend = beißend, scharf

au
die **Au**, die Auen
    = eine Flusslandschaft
    auch = ebenfalls

auf

    auf

> ➤ auf dem Tisch sitzen
> *Mit **auf-** kannst du Wörter*
> *bauen: **auf|hören**,*
> ***auf|regend**, **Auf|satz**.*
> *Wenn du ein Wort unter*
> ***auf-** nicht findest, dann*
> *mache Folgendes:*
> *Suchst du **auf|fangen**,*
> *schau bei **fangen** nach!*

    auf ein|mal = plötzlich
der **Auf|ent|halt**,
    die Aufenthalte = die
    Dauer, der Wohnsitz
    auf|fal|len, du fällst auf
    → fallen; = bemerken
    auf|fäl|lig = ungewöhnlich
die **Auf|füh|rung**,
    die Auf|führungen
    = die Vorstellung,
    die Darbietung

die **Auf|ga|be**, die Aufgaben
    = die Arbeit
auf|ge|regt
    = unruhig, nervös
auf|hö|ren, du hörst auf
    = beenden
der **Auf|kle|ber**,
    die Aufkleber
    = das Pickerl
auf|merk|sam
    = interessiert, rücksichtsvoll
auf|pas|sen, du passt auf
    = Acht geben
auf|räu|men, du räumst
    auf = Ordnung machen
auf|re|gend = spannend
die **Auf|re|gung**,
    die Aufregungen
    = die Spannung
auf|rich|tig = ehrlich
aufs = auf das;
    ➤ aufs WC gehen
der **Auf|satz**, die Aufsätze
    = schriftliche Arbeit über
    ein Thema
auf|ste|hen, du stehst auf
    → stehen; = sich erheben
der **Auf|trag**, die Aufträge
    = die Pflicht, der Befehl
auf|wa|chen, du wachst
    auf = munter werden

auf|wach|sen, du wächst
auf → wachsen;
= groß werden
auf|we|cken, du weckst auf
= munter machen
der **Auf|zug**,
die Aufzüge
= der Lift
das **Au|ge**,
die Augen
= das Sehorgan
der **Au|gen|blick**,
die Augenblicke
= der Moment
der **Au|gust** = der achte Monat
aus

aus ➤ aus dem Haus
laufen

*Mit **aus-** kannst du Wörter*
*bauen: **aus|geben**,*
***aus|gezeichnet**,*
***Aus|nahme**. Wenn du ein*
*Wort unter **aus-** nicht*
findest, dann mache
Folgendes: Suchst du
***Aus|verkauf**, schau bei*
***Verkauf** nach!*

aus|bes|sern, du besserst
aus = korrigieren
aus|bor|gen, du borgst
aus = ausleihen

die **Aus|dau|er** = die Geduld
aus|dru|cken, du druckst
aus ➤ mit dem Drucker ein
Bild ausdrucken
aus|drü|cken, du drückst
aus = auspressen,
in Worte fassen
aus|ei|n|an|der
= von einander weg,
getrennt
der **Aus|flug**, die Ausflüge
= die Reise
aus|führ|lich = umfangreich
der **Aus|gang**, die Ausgänge
= das Ende, die Tür
aus|ge|hen, du gehst aus
→ gehen; = fortgehen
aus|ge|zeich|net
= sehr gut
die **Aus|kunft**, die Auskünfte
= die Information
die **Aus|la|ge**, die Auslagen
= das Schaufenster
das **Aus|land** = die Länder
außerhalb deines
Heimatlandes
der **Aus|län|der**,
die **Aus|län|de|rin**
die Ausländerinnen
= eine Person aus einem
anderen Land

aus|lee|ren, du leerst aus
= ausschütten

aus|lei|hen, du leihst aus
= ausborgen

die **Aus|nah|me**,
die Ausnahmen
= der Sonderfall

der **Aus|puff**,
die Auspuffe

die **Aus|re|de**, die Ausreden
= eine Entschuldigung

aus|rei|ßen, du reißt aus
→ reißen; = auszupfen,
weglaufen

sich **aus|ru|hen**, du ruhst dich
aus = sich erholen

aus|rut|schen, du rutscht
aus = ausgleiten, hinfallen

der **Aus|schlag**,
die Ausschläge
= eine Erkrankung der Haut

aus|se|hen, du sieht aus
→ sehen; = ausschauen

au|ßen = nicht innen

au|ßer
= mit Ausnahme von

au|ßer|dem
= darüber hinaus

die **Aus|sicht**, die Aussichten
= der Ausblick,
die Möglichkeit

aus|sichts|los
= ohne Chance

die **Aus|spra|che**,
die Aussprachen
= die Art zu sprechen,
ein klärendes Gespräch

die **Aus|stel|lung**,
die Ausstellungen
= eine Veranstaltung,
das Museum

Aus|tra|li|en = ein Erdteil

Aus|tria (A)
= das englische Wort
für Österreich

der **Aus|weg**, die Auswege
= die Lösung

der **Aus|weis**, die Ausweise
= die Fahrkarte,
der Reisepass

aus|wen|dig = aus dem
Gedächtnis

aus|zie|hen, du ziehst aus
→ ziehen; = die Wohnung
verlassen

sich **aus|zie|hen**, du ziehst dich
aus → ziehen, = entkleiden

das ~~Aut~~ → Out

das **Au|to**, die Autos
= der Wagen, ein Fahrzeug

A a

die **Au|to|bahn**,
  die Autobahnen
  = die Schnellstraße
der **Au|to|bus**, die Autobusse
  = der Bus
das **Au|to|gramm**,
  die Autogramme
  = die Unterschrift
der **Au|to|mat**, die Automaten
  ➤ der Kaugummiautomat
der **Au|tor**, die **Au|to|rin**
  die Autoren, die Autorinnen
  = der/die Schreiberin

B b

ba/bä

das **Ba|by**, die Babys
  = der Säugling
der **Bach**, die Bäche
  = ein kleiner Fluss
  ba|cken, du bäckst
  [backst], er backte, sie hat
  gebacken ➤ Brot backen
der **Bä|cker**,
  die **Bä|cke|rin**,
  die Bäckerinnen
  = Er/sie bäckt Brot.
das **Bad**, die Bäder
  = das Badezimmer,
  das Schwimmbad

ba|den, du badest
  = ein Bad nehmen
der **Bag|ger**, die Bagger
  = ein Fahrzeug mit einer
  Schaufel
die **Bahn**, die Bahnen
  ➤ die Eisenbahn,
  die Aschenbahn
der **Bahn|hof**, die Bahnhöfe
  = Hier kommen Züge an,
  hier fahren Züge ab.
  ba|lan|cie|ren,
  du balancierst
  = das Gleichgewicht halten
  bald = gleich, in Kürze
der **Bal|kon**, die Balkone
  = ein erhöht liegender
  Vorbau an oder in einem
  Gebäude
der **Ball**, die Bälle ➤ der
  Fußball, der Faschingsball
das **Bal|lett**,
  die Ballette
  = ein Tanz auf
  Zehenspitzen
die **Ba|na|ne**,
  die Bananen
  = eine Frucht
er **band** → binden
das **Band**, die Bänder
  ➤ das Freundschaftsband

63

B b

der **Band**, die Bände ➤ der
erste Band eines Buches

die **Band**,
die Bands
= eine
Musikgruppe

die **Ban|de**, die Banden = eine
Gruppe von Freunden und
Freundinnen

ban|ge ➤ angst und bange
sein = sich fürchten

die **Bank**, die Bänke
➤ die Parkbank

die **Bank**, die Banken = das
Geldinstitut

der **Bär**, die Bären ➤ der
Eisbär, der Teddybär

bar|fuß = ohne Schuhe

der **Bart**, die Bärte
➤ der Vollbart

bas|teln, du bastelst
= werken

er **bat** → bitten

das ~~Bat~~ → Bad

die **Bat|te|rie**, die Batterien
= ein Stromspeicher

der **Bauch**,
die Bäuche
➤ das Bauchweh
bau|en, du baust
= errichten

der **Bau|er**, die **Bäu|e|rin**,
die Bauern,
die Bäuerinnen

der **Baum**, die Bäume
➤ ein Laubbaum,
ein Nadelbaum

be

> *Mit **be-** kannst du Wörter
> bauen: **be|kommen**,
> **be|rühmt**, **Be|ginn**.
> Wenn du ein Wort unter
> **be-** nicht findest, dann
> mache Folgendes: Suchst
> du **be|atmen**, schau bei
> **atmen** nach!*

der **Be|am|te**, die **Be|am|tin**,
die Beamten,
die Beamtinnen
= der/die Staatsangestellte

der **Be|cher**, die Becher
= das Trinkgefäß

sich **be|dan|ken**, du bedankst
dich = danke sagen

be|deu|ten, du bedeutest
= heißen

be|deu|tend = wichtig

sich **be|ei|len**, du beeilst dich
= sich tummeln

be|ein|flus|sen,
du beeinflusst
= Einfluss haben

64

die **Be|er|di|gung**,
die Beerdigungen
= das Begräbnis
die **Bee|re**,
die Beeren
➤ die Erdbeere
das **Beet**, die Beete
➤ das Gemüsebeet
er **be|fahl** → befehlen
be|feh|len, du befiehlst, er
befahl, sie hat befohlen
= anordnen
das **Be|frie|di|gend**
= die Schulnote 3
er **be|gann** → beginnen
der **Be|ginn** = der Anfang
be|gin|nen, du beginnst,
er begann, sie hat
begonnen = anfangen
be|glei|ten, du begleitest
= mitgehen
das **Be|gräb|nis**,
die Begräbnisse
= die Beerdigung
be|grei|fen, du begreifst
→ greifen; = verstehen
der **Be|griff**, die Begriffe
= die Bezeichnung
die **Be|grü|ßung**,
die Begrüßungen
= der Empfang

be|hal|ten, du behältst
→ halten; = aufheben,
festhalten, sich etwas
merken
der **Be|häl|ter**, die Behälter
= die Dose, die Schachtel
be|haup|ten, du
behauptest = feststellen
be|hin|dert ➤ gehbehindert
bei ➤ bei der Schule
warten
bei|de ➤ die beiden = zwei
beige = eine hellbrauner
Farbton
das ~~Beik~~ → das Bike
beim = bei dem;
➤ beim Tor warten

> *Nach **beim** schreibst du*
> *alle Zeitwörter groß: **beim***
> ***Rechnen** der Schnellste*
> *sein.*

das **Bein,** die Bei|ne
bei|na|he = fast
das **Bei|spiel**, die Beispiele
➤ z. B. = zum Beispiel
bei|ßen, du beißt, er biss,
sie hat gebissen
= zuschnappen, jucken
der **Bei|strich**, die Beistriche
= ، = das Komma,
ein Satzzeichen

B b

er **be|kam** → bekommen

be|kannt = berühmt

der **Be|kann|te**, die **Be|kann|te**,
die Bekannten
= eine Freundin

die **Be|klei|dung**,
die Bekleidungen
= die Kleider, das Gewand

be|kom|men, du
bekommst, er bekam, sie
hat bekommen = erhalten

be|lei|di|gen, du beleidigst
= beschimpfen, verletzen

bel|len, du bellst
➤ Der Hund
bellt.

die **Be|loh|nung**,
die Belohnungen = ein
Dank, eine Auszeichnung

~~bekwem~~ → bequem

be|mer|ken, du bemerkst
= sehen, feststellen

sich **be|mü|hen**, du bemühst
dich = sich anstrengen

er **be|nahm** sich
→ benehmen

das **Be|neh|men**
= das Verhalten

sich **be|neh|men**, du benimmst
dich → nehmen;
= sich verhalten

be|nei|den, du beneidest
= nicht gönnen

be|nö|ti|gen, du benötigst
= brauchen

be|nut|zen [**be|nüt|zen**],
du benutzt = verwenden

das **Ben|zin**
➤ der Benzinkanister

be|ob|ach|ten,
du beobachtest
= sehen, überwachen

be|quem = angenehm, faul

be|reit sein, du bist bereit
= fertig sein

der **Berg**, die Berge

berg|stei|gen = auf einen
Berg klettern

der **Be|richt**, die Berichte
= die Mitteilung

be|rich|ten, du berichtest
= mitteilen

be|rück|sich|ti|gen,
du berücksichtigst
= beachten

der **Be|ruf**, die Berufe
= die Arbeit

sich **be|ru|hi|gen**, du beruhigst
dich = zur Ruhe kommen,
entspannen

be|rühmt = bekannt

~~besch~~ → beige

B b

be|schä|di|gen,
du beschädigst
= teilweise zerstören

sich be|schäf|ti|gen,
du beschäftigst dich
= arbeiten, spielen, lernen

Be|scheid sa|gen,
du sagst Bescheid
= informieren

be|schei|den = einfach,
wunschlos

die Be|sche|rung,
die Bescherungen = das
Unglück, die Überraschung

be|schimp|fen,
du beschimpfst
= böse
Wörter
sagen

be|schrei|ben, du
beschreibst → schreiben;
= voll schreiben, schildern

die Be|schwer|de,
die Beschwerden
= eine Kritik, der Einspruch

sich be|schwe|ren,
du beschwerst dich
= Kritik üben, bemängeln

der Be|sen, die Besen
➤ der Hexenbesen

der Be|sitz, = das Eigentum

be|sit|zen, du besitzt,
er besaß, sie hat besessen
= haben

be|son|ders
= außerordentlich

be|sor|gen, du besorgst
= beschaffen

bes|ser ➤ gut, besser,
am besten; → gut

die Be|stä|ti|gung,
die Bestätigungen
= der Nachweis

das Bes|te ➤ das Allerbeste;
→ gut

der Bes|te, die Bes|te,
die Besten = der/die Erste

das Be|steck, die Bestecke
➤ das Essbesteck

be|stel|len, du bestellst
= kommen lassen

die Be|stel|lung,
die Bestellungen
➤ die Buchbestellung

am bes|ten ➤ gut, besser,
am besten; → gut

be|stim|men, du bestimmst
= festlegen, befehlen,
auswählen, zuordnen

be|stimmt = sicher

be|stra|fen, du bestrafst
= verurteilen

B b

der **Be|such**, die Besuche
= der Gast,
die Zusammenkunft
be|su|chen, du besuchst
= zu einer Person hingehen
be|ten, du betest
= zu Gott sprechen
der **Be|ton** = ein Baustoff,
hart wie Stein
be|trach|ten,
du betrachtest
= anschauen
be|trü|gen, du betrügst,
er betrog, sie hat betrogen
= täuschen
das **Bett**, die Betten
die **Bett|de|cke**,
die Bettdecken = eine
Decke zum Zudecken
bet|teln, du bettelst
= um etwas bitten
die **Beu|le**, die Beulen
= die Schwellung
die **Be|völ|ke|rung**,
die Bevölkerungen
= alle Menschen
be|vor = ehe
be|wei|sen, du beweist,
er bewies, sie hat bewiesen
= zeigen, den Beweis
erbringen

be|wusst = mit Absicht
be|wusst|los = ohnmächtig
be|zah|len, du bezahlst
= Geld für etwas ausgeben
be|zie|hungs|wei|se =
bzw. = oder
der **Be|zirk**, die Bezirke
= das Gebiet

bi

die **Bi|bel**, die Bibeln
= das heilige Buch im
Christentum
die **Bi|b|li|o|thek**,
die Bibliotheken = die
Sammlung von Büchern,
die Bücherei
bie|gen,
du biegst,
er bog, sie hat
gebogen = krümmen
die **Bie|ne**, die Bienen
= ein Insekt
das **Bier**, die Biere
= ein Getränk mit Alkohol
bie|ten, du bietest, er bot,
sie hat geboten
= bereitstellen, ermöglichen
das **Bike**, die Bikes
= das Fahrrad
der **Bi|ki|ni**, die Bikinis
= eine Badebekleidung

B b

das **Bild**, die Bilder = das Foto,
das Gemälde
bil|den, du bildest
= formen, machen
die **Bil|dung**,
die Bildungen
➤ die Schulbildung
bil|lig = günstig, nicht teuer
ich **bin** → sein
bin|den, du bindest,
er band, sie hat gebunden
= zusammenschnüren
die **Bir|ne**, die Birnen
= ein Kernobst
bis ➤ bis morgen
er ~~bis~~ → biss → beißen
~~bischen~~ → bisschen
bis|her = bis jetzt
er **biss** → beißen
biss|chen ➤ ein bisschen
= ein wenig
du **bist** → sein
die **Bit|te**, die Bitten
= der Wunsch
bit|ten, du bittest, er bat,
sie hat gebeten = ersuchen
bit|ter = unangenehm,
nicht süß
bl
die **Bla|ma|ge**, die Blamagen
= eine Peinlichkeit

sich **bla|mie|ren**, du blamierst
dich = sich bloßstellen
die **Bla|se**, die Blasen
bla|sen, du bläst, er blies,
sie hat geblasen = pusten
blass, blas|ser [bläs|ser],
am blassesten = bleich,
ohne Farbe
das **Blatt**, die Blätter
➤ ein Blatt Papier
blau = eine Farbe;
➤ blau wie der Himmel
das **Blech**, die Bleche
= eine dünne Metallplatte,
eine Backform
blei|ben, du bleibst, er
blieb, sie ist geblieben
= nicht weggehen
der **Blei|stift**, die Bleistifte
= ein Schreibstift
er **blieb** → bleiben
blind = nicht sehen
können
der **Blitz**, die Blitze ➤ Blitz und
Donner = das Gewitter
blitz|schnell
= sehr schnell
die **Block|flö|te**,
die Blockflöten
= ein
Instrument

B b

blöd = dumm, doof

blond ➤ blondhaarig

bloß = nur

bloß = nackt

blü|hen, du blühst
➤ Blumen blühen

die **Blu|me**, die Blumen

die **Blu|se**, die Blusen
= ein Kleidungsstück

das **Blut** ➤ die Blutabnahme

die **Blü|te**, die Blüten
➤ der Teil der Pflanze,
der Samen bildet

blu|ten, du blutest
= Blut verlieren

bo/bö

der **Bob**, die Bobs
= ein Schneefahrzeug

der **Bo|den**, die Böden

er **bog** → biegen

die **Boh|ne**, die Bohnen
= ein Gemüse

boh|ren, du bohrst
= ein Loch machen

die **Bom|be**, die Bomben
= ein Sprengkörper

das **Bon|bon**, die Bonbons
= das Zuckerl

das **Boot**, die Boote

bor|gen, du borgst = leihen

der ~~**Börger**~~ → Burger

bö|se = schlimm, gemein

die **Bos|heit**, die Bosheiten
= die Gemeinheit

Bos|ni|en-Her|ze|go|wi|na
= ein Staat in
Südosteuropa

das ~~**Bot**~~ → Boot

er **bot** → bieten

die **Box**, die Boxen
= die Schachtel

bo|xen, du boxt = schlagen

br

er **brach** → brechen

er **brach|te** → bringen

der **Brand**, die Brände
= das Feuer

er **brann|te** → brennen

bra|ten, du brätst, er briet,
sie hat gebraten = grillen

der **Bra|ten**, die Braten
= ein Fleischgericht

der **Brauch**, die Bräuche
= eine Gewohnheit,
eine Tradition

brau|chen, du brauchst
= benötigen

braun = eine Farbe;
➤ braun wie eine
Kaffeebohne

sich **bräu|nen**, du bräunst dich
= sich sonnen

B b

die **Braut**, der **Bräu|ti|gam**,
die Bräute, die Bräutigame
= die Frau/der Mann am
Tag ihrer/seiner Hochzeit
brav = artig, lieb
bra|vo = ausgezeichnet
bre|chen, du brichst,
er brach, sie hat gebrochen
= kaputtmachen, trennen
Bre|genz = die Hauptstadt
von Vorarlberg
der **Brei**, die Breie
➤ der Grießbrei
breit = dick, weit
die **Brem|se**, die Bremsen
= eine Vorrichtung zum
Stehenbleiben, ein Insekt
brem|sen, du bremst
= anhalten
bren|nen, du brennst,
er brannte, sie hat gebrannt
= lodern, schmerzen
die **Brenn|nes|sel**,
die Brennnesseln
= eine Pflanze
das **Brett**, die Bretter
➤ das Fensterbrett,
das Schachbrett
das
die **Bre|zel**,
die Brezeln
= ein Gebäck

der **Brief**, die Briefe
= die
Mitteilung
der **Brief|trä|ger**,
die **Brief|trä|ge|rin**,
die Briefträgerinnen
= der Postbote,
die Postbotin
er **briet** → braten
die **Bril|le**, die Brillen
➤ die Sonnenbrille
brin|gen, du bringst, er
brachte, sie hat gebracht
= hintragen
der **Broc|coli**
[**Brok|koli**],
die Broccoli
= ein Gemüse
brö|ckeln, du bröckelst
= kleine Stücke abbrechen
der **Bro|cken**, die Brocken
= ein großes Stück
der **Brok|koli** [**Broc|coli**],
die Brokkoli – ein Gemüse
die **Bron|ze|me|dail|le**,
die Bronzemedaillen
= der dritte Platz
das **Brö|sel**, die Brösel
➤ die Semmelbrösel
das **Brot**, die Brote
➤ das Vollkornbrot

B b

die **Brü|cke**, die Brücken
= der Übergang, der Steg
der **Bru|der**, die Brüder
brül|len,
du brüllst
= schreien,
rufen
die **Brust**, die Brüste
= der obere, vordere Teil
des Rumpfes
bru|tal = grob, gewalttätig
bu/bü
der **Bub**, die Buben
das **Buch**, die Bücher
➤ das Lesebuch
die **Bü|che|rei**, die Büchereien
= die Bibliothek
der **Buch|sta|be**,
die Buchstaben
= ein Schriftzeichen
sich **bü|cken**, du bückst dich
= sich hinunterbeugen
das **Buf|fet** [**Bü|fett**], die Buffets
[Büfetts] = das Essen mit
Selbstbedienung
bü|geln, du bügelst
= glatt machen
die **Büh|ne**, die Bühnen
= hier wird Theater gespielt
Bul|ga|ri|en = ein Land in
Südosteuropa

die **Bun|des|hym|ne**,
die Bundeshymnen
= das Nationallied
der **Bun|des|kanz|ler**,
die **Bun|des|kanz|le|rin**,
die Bundeskanzlerinnen
= der/die Regierungschefin
der **Bun|des|prä|si|dent**,
die **Bun|des|prä|si|den|tin**,
die Bundespräsidenten,
die Bundespräsidentinnen
= das Staatsoberhaupt
bunt = färbig, mit vielen
Farben
der **Bunt|stift**, die Buntstifte
die **Burg**, die Burgen
= eine Festung
das **Bur|gen|land**
= ein Bundesland
der **Bur|ger**, die Burger
= ein Laibchen mit
gegrilltem Faschierten
der **Bür|ger**, die **Bür|ge|rin**
die Bürgerinnen
➤ der/die Staatsbürgerin
der **Bür|ger|meis|ter**,
die **Bür|ger|meis|te|rin**,
die Bürgermeisterinnen
= das Gemeindeoberhaupt
das **Bü|ro**, die Büros
= ein Geschäftszimmer

72

B b

der **Bur|sche**, die Burschen
die **Bürs|te**, die Bürsten
➤ die Zahnbürste
der **Bus**, die Busse
der **Busch**, die Büsche
= ein Strauch
der **Bu|sen**, die Busen
= die weibliche Brust
die **But|ter** ➤ das Butterbrot

C c

*C und CH am Wortanfang
sprichst du unterschiedlich
aus:
wie **K** bei **Café** und **Chaos**,
wie **S** bei **Cent** und **City**,
wie **SCH** bei **Chance**,
wie **TSCH** bei **Chips** und
wie **Z** bei **CD** und **Celsius**.*

ca
das **Ca|brio** [**Ka|brio**],
die Cabrios
= ein Auto
mit einem
Dach
zum Aufklappen
das **Ca|fé**, die Cafés
= das Kaffeehaus
cam|pen, du campst
= zelten

cd
die **CD**, die CDs
= die Compactdisc,
eine Platte, die Bild und
Ton wiedergeben kann
die **CD-ROM**, die CD-ROMs
= eine Art von CD

ce
Cel|si|us (°C)
= eine Temperaturangabe
der **Cent**, die Cents (c)
1 Euro = 100 Cent

ch
der **Cham|pi|gnon**,
die Champignons = ein Pilz
der **Cham|pi|on**,
die Champions
= der/die Siegerin,
der/die Beste
die **Chan|ce**, die Chancen
= die Möglichkeit
das **Cha|os**
= das Durcheinander
der **Cha|rak|ter**, die Charaktere
= die Art eines Menschen
che|cken, du checkst
= kontrollieren
der **Chef**, die **Che|fin**,
die Chefs, die Chefinnen
= der/die Leiterin einer
Firma

C c

die **Che|mie** = eine
Naturwissenschaft
Chi|na = ein großes Land
in Asien

der **Chip**, die Chips
➤ die Kartoffelchips,
der Computerchip

der **Chor**, die Chöre = eine
Singgruppe

der **Christ**, die **Chris|tin**,
die Christen,
die Christinnen
= Er/sie glaubt an Jesus
Christus.

der **Christ|baum**,
die Christbäume
= der Weihnachtsbaum

das **Christ|kind**
= Es bringt Geschenke zu
Weihnachten.

ci

die **Ci|ty**, die Citys
= die Innenstadt

cl

cle|ver = schlau

der **Clown**,
die Clowns
= ein Spaßmacher

der **Club** [**Klub**], die Clubs
= die Vereinigung,
die Gesellschaft

co

der **Code**, die Codes
= eine Reihe von Zeichen
oder Wörtern

das **Co|la**, die Colas
= ein süßes Getränk

der **Co|mic**, die Comics
= eine Bildgeschichte mit
Sprechblasen

der **Com|pu|ter**, die Computer
= der PC, der Rechner

cool = super, lässig

die **Corn|flakes**
= die Getreideflocken

die **Couch**,
die Couchen
= das Sofa

der **Cou|sin**,
die Cousins = der Sohn von
Tante oder Onkel

die **Cou|si|ne** [**Ku|si|ne**],
die Cousinen = die Tochter
von Tante oder Onkel

der **Cow|boy**, die Cowboys
= ein Viehhirte des Wilden
Westens

cr

die **Cre|me** [**Krem(e)**],
die Cremes = eine Salbe,
eine Süßspeise

C c

D d

da/dä

> *Mit **da-** kannst du Wörter bauen: **da|bleiben**, **da|heim**, **da|nach**.*
> *Wenn du ein Wort unter **da-** nicht findest, dann mache Folgendes: Suchst du **da|zwischen**, schau bei **zwischen** nach!*

da = hier, weil

da|bei = aber, hierbei

das **Dach**, die Dächer
➤ das Hausdach

der **Dachs**,
die Dachse
= ein
Säugetier

er **dach|te** → denken

der **Da|ckel**, die Dackel
= ein kleiner Hund

da|für = für das

da|ge|gen = gegen das

da|heim = zu Hause

da|her = deshalb,
deswegen

da|mals = früher

die **Da|me**, die Damen
= eine vornehme Frau

da|mit = mit einer Sache

die **Däm|me|rung**,
die Dämmerungen
= das Halbdunkel,
das Zwielicht

der **Dampf**, die Dämpfe
➤ der Wasserdampf

da|nach = dann, später

der **Dank** ➤ Vielen Dank für
das Geschenk!

dan|ke ➤ danke sehr,
danke schön

dan|ken, du dankst
= danke sagen

dann = danach, später

da|r|an = an das

da|r|auf = auf das

da|r|aus = aus dem

sie **darf** → dürfen

da|r|in = in diesem Punkt

der **Darm**, die Därme
➤ der Blinddarm

dar|stel|len, du stellst dar
= zeigen, erklären

da|r|um = deshalb,
deswegen

das ➤ Das ist richtig.

dass ➤ Sie sagt, dass das
richtig ist.

das|sel|be = ebendas,
ebendieses

D d

der **Dativ**, die Dative = der
  dritte Fall, der Wemfall
das **Datum**, die Daten
  ➤ das Geburtsdatum
die **Dauer** ➤ die Zeitdauer
  dauern, es dauert
  = bestehen bleiben,
  sich hinziehen
der **Daumen**,
  die Daumen
  ~~daun~~ → down
  davonlaufen,
  du läufst davon → laufen;
  = wegrennen
  davor = vorher, vor etwas
  dazu = zu etwas
de
die **Decke**, die Decken
  ➤ die Bettdecke
der **Deckel**, die Deckel
  ➤ der Topfdeckel
  defekt = kaputt
  dehnen, du dehnst
  = in die Länge ziehen,
  strecken
  dein ➤ Dein Buch
  gehört dir.
  deinetwegen = wegen dir
das **Dekagramm**,
  die Dekagramme (dag)
  = eine Gewichtseinheit

die **Dekoration**,
  die Dekorationen
  = der Schmuck
der **Delfin** [**Delphin**],
  die Delfine
  = ein Meeressäugetier
  dem ➤ dem Vater helfen
die **Demokratie**,
  die Demokratien = eine
  Staatsform, in der das Volk
  entscheidet
die **Demonstration**,
  die Demonstrationen
  = ein Massenprotest
  den ➤ den Vater suchen
  denken, du denkst,
  er dachte,
  sie hat
  gedacht
  = überlegen,
  meinen
das **Denkmal**, die Denkmäler
  = ein Monument
  denn = weil, eigentlich
die **Deponie**, die Deponien
  = der Müllplatz
  der ➤ der Mann
  derjenige
  = der Bestimmte
  derselbe = ebender,
  ebendieser

D d

76

des ➤ das Essen des Kindes

des|halb = daher, deswegen

des|to = um so

des|we|gen = daher, deshalb

der **De|tek|tiv**, die **De|tek|ti|vin**, die Detektive, die Detektivinnen ➤ Er/sie sucht nach der Wahrheit.

deut|lich = klar

deutsch = eine Sprache

Du schreibst groß: etwas auf Deutsch sagen, das Wort auf Deutsch wissen. Du schreibst klein: deutsch sprechen, das Buch in deutscher Sprache lesen.

der **Deut|sche**, die **Deut|sche**, die Deutschen = eine Person aus Deutschland

Deutsch|land = ein EU- und Nachbarland

der **De|zem|ber** = der zwölfte Monat

der **De|zi|me|ter**, die Dezimeter (dm) = ein Längenmaß

di

der **Di|a|lekt**, die Dialekte = die Mundart

die **Di|ät**, die Diäten = die Abmagerungskur

dich ➤ Ich liebe dich.

dicht = eng beieinander, geschlossen

dich|ten, du dichtest = reimen

der **Dich|ter**, die **Dich|te|rin**, die Dichterinnen = der/die Autorin

dick = fett, stark, beleibt

die ➤ die Katze

der **Dieb**, die **Die|bin**, die Diebe, die Diebinnen = jemand, der stiehlt

der **Dieb|stahl**, die Diebstähle = etwas wird entwendet

der **Dienst**, die Dienste ➤ der Nachtdienst

der **Diens|tag**, die Dienstage = der zweite Wochentag

diens|tags = jeden Dienstag

die|se ➤ diese, nicht nächste Woche

D d

der **Die|sel**, die Diesel
    = ein Treibstoff
    die|sel|be = ebendiese
die **Dif|fe|renz,** die Differenzen
    = der Unterschied
    (zwischen zwei Zahlen)
die **Di|gi|tal|ka|me|ra**,
    die Digitalkameras
    = eine Fotokamera
das **Dik|tat**, die Diktate
    = die Ansage
    dik|tie|ren, du diktierst
    = ansagen
das **Ding**, die Din|ge
    = die Sache
der **Di|no|sau|ri|er**,
    die Dinosaurier
    = ein Kriechtier,
    das
    ausgestorben
    ist
    dir ➤ Das gehört dir.
    di|rekt = ohne Umweg
der **Di|rek|tor**,
    die **Di|rek|to|rin**,
    die Direktoren,
    die Direktorinnen
    = der/die Leiterin
das **Dirndl**, die Dirndln
    = ein Kleid mit Schürze,
    ein Mädchen

der **Disk|jo|ckey** [**Disc|jo|ckey**],
    die Diskjockeys
    [Discjockeys] = der DJ
    = Er/sie legt CDs in einer
    Disko auf.
die **Dis|ket|te**, die Disketten
    = eine Scheibe
    zum Speichern von
    Computerdateien
die **Dis|ko** [**Dis|co**], die Diskos
    [Discos] = die Diskothek
die **Dis|kus|sion**,
    die Diskussionen
    = das Gespräch,
    der Meinungsstreit
    dis|ku|tie|ren,
    du diskutierst
    = besprechen, erörtern
das **Dis|play**, die Displays
    = die Anzeige(tafel)
die **Dis|zi|plin** = die Ordnung,
    die Strenge
    di|vi|die|ren, du dividierst
    = teilen durch
die **Di|vi|si|on**, die Divisionen
    = die Teilung,
    ein Rechenvorgang
do/dö
    doch = dennoch, aber
der **Docht**, die Dochte = der
    Faden in der Kerze

D d

der **Dok|tor**, die **Dok|to|rin**,
die Doktoren,
die Doktorinnen
= ein Arzt, eine Ärztin
der **Dol|lar**, die Dollars ($)
= eine Währung
der **Dol|met|scher**,
die **Dol|met|sche|rin**,
die Dolmetscherinnen
= der/die Übersetzerin
der **Dom**, die Dome
= eine große Kirche
das **Do|mi|no**, die Dominos
= ein Spiel
die **Do|nau** = ein Fluss
das **Dö|ner|ke|bab** = gegrilltes
Lammfleisch in Fladenbrot
der **Don|ner** ➤ Donner und
Blitz = das Gewitter
der **Don|ners|tag**,
die Donnerstage = der
vierte Wochentag
don|ners|tags = jeden
Donnerstag
doof = dumm, blöd
das **Do|ping** = das Einnehmen
eines verbotenen Mittels,
um im Sport besser zu sein
dop|pelt = zweifach
das **Dorf**, die Dörfer = der Ort,
die Gemeinde

der **Dorn**, die Dornen
= die Spitze, der Stachel
dort = nicht hier
die **Do|se**, die Dosen
➤ die Coladose
dö|sen, du döst
= schlummern,
leicht
schlafen
der **Dot|ter**, die Dotter
= das Eigelb
down = erschöpft,
niedergeschlagen

dr

der **Dra|che**, die Drachen
= ein Fantasietier
der **Dra|chen**, die Drachen
➤ einen Drachen steigen
lassen
der **Draht**, die Drähte
➤ der Elektrodraht
dran sein, du bist dran
= an der Reihe sein
drän|gen, du drängst
= keine Ruhe lassen,
drücken
dran|kom|men, du
kommst dran → kommen;
= an die Reihe kommen
drau|ßen = im Freien
der **Dreck** = der Schmutz

79

D d

dre|ckig = schmutzig

dre|hen, du drehst
= kurbeln, wenden

drei = die Zahl 3

Du schreibst groß: der
Dreier, die Dritte in der
Reihe, die Ziffer Drei.
Du schreibst klein: um drei
(Uhr), ich bin drei (Jahre
alt), dreimal, dreizehn,
dreißig.

drei|ßig = die Zahl 30

die **Drei|vier|tel|stun|de**
= 45 Minuten

dreizehn = die Zahl 13

dre|schen, du drisch[s]t,
er drosch, sie hat
gedroschen = schlagen
hauen

der
die **Dress**, die Dressen
= eine Sportbekleidung

dres|sie|ren,
du dressierst
= einem Tier
etwas beibringen

drib|beln, du dribbelst
mit dem Fußball spielen

drin|gend = unbedingt,
eilig, wichtig

drin|nen = nicht draußen

drit|te ➤ der/die Dritte sein

das **Drit|tel**, die Drittel
= einer von drei Teilen

die **Dro|ge**, die Drogen = ein
Medikament, ein Rauschgift

dro|hen, du drohst
= warnen, abschrecken

dröh|nen, du dröhnst
= schallen

die **Dro|hung**, die Drohungen
= die Warnung, der Zwang

er **drosch** → dreschen

die **Dros|sel**, die Drosseln
= ein Singvogel

drüben = auf der anderen
Seite

drü|ber = darüber, hinüber,
auf die andere Seite

der **Druck**, die Drücke
= der Zwang;
➤ der Händedruck

der **Druck**, die Drucke
= Vervielfältigung von
Bildern und Texten

dru|cken, du druckst
➤ eine Zeitung drucken

drü|cken, du drückst
➤ auf die Klingel drücken

der **Dru|cker**, die Drucker
➤ der Farbdrucker

dsch

der ~~Dschieb~~ → Jeep

Dd

80

die ~~Dschiens~~ → Jeans

der ~~Dschob~~ → Job

~~dschogen~~ → joggen

der ~~Dschoker~~ → Joker

der **Dschun|gel**,
das die Dschungel = ein Urwald

der ~~Dschuß~~ → Juice

du|dü

du ➤ Du bist mein Freund.

sich **du|cken**, du duckst dich
= sich beugen

das **Du|ell**, die Duelle
= der Zweikampf

der **Duft**, die Düfte
= ein Geruch

duf|ten, du duftest
= gut riechen

dul|den, du duldest
= aushalten

dumm, dümmer, am
dümmsten = blöd, doof

die **Dumm|heit**, die
Dummheiten = die Blödheit

der **Dün|ger**, die Dünger
= das Düngemittel, der Mist

dun|kel = finster

dun|kel|blau = eine Farbe;
➤ dunkelblau wie das tiefe
Meer

die **Dun|kel|heit**
= die Finsternis

dünn = schlank, zart,
dürr, leicht

der **Dunst**, die Dünste
= der Nebel, der Dampf

durch ➤ durch den Wald
gehen

> *Mit **durch-** kannst du
> Wörter bauen:
> **durch|fahren**, **Durch|fall**,
> **durch|sichtig**.
> Wenn du ein Wort unter
> **durch-** nicht findest, dann
> mache Folgendes: Suchst
> du **durch|fallen**, schau bei
> **fallen** nach!*

durch|ein|an|der
= chaotisch, ungeordnet

das **Durch|ein|an|der**
= das Chaos

der **Durch|fall**,
die Durchfälle
= der Dünnschiss,
der Misserfolg

der **Durch|gang**,
die Durchgänge
= ein verbindender Weg,
eine Spielrunde

durch|läs|sig = undicht

durch|que|ren, du
durchquerst = bereisen,
durchlaufen

D d

der **Durch|schnitt,**
   die Durchschnitte
   = ein mittleres Ergebnis
   durch|schnitt|lich
   = mittelmäßig
sich **durch|set|zen,**
   du setzt dich durch
   = sich behaupten
   durch|sich|tig
   = durchschaubar
die **Durch|su|chung,**
   die Durchsuchungen
   ➤ die Hausdurchsuchung
   dür|fen, du darfst, er
   durfte, sie hat gedurft
   = berechtigt sein
er **durf|te**
   → dürfen
der **Durst**
   ➤ der
   Riesendurst
   durs|tig sein
   = etwas trinken wollen

die **Du|sche,** die Duschen
   = die Brause,
   die Duschkabine
sich **du|schen,**
   du dusch(s)t
   dich
   = sich
   brausen

   düs|ter = dunkel, finster
das **Dut|zend,** die Dutzende
   = 12 Stück
   du|zen, du duzt = eine
   Person mit Du anreden

dy

   dy|na|misch
   = mit Schwung
das **Dy|na|mit** = ein Sprengstoff

E e

ea

   ea|sy = leicht, einfach

eb

die **Eb|be** ➤ Flut und Ebbe
   = Das Meerwasser
   steht tief.
   e|ben = soeben, derzeit,
   momentan
   eben = flach, glatt
die **Ebe|ne,** die Ebenen
   = flaches Land
   eben|falls = auch

ech

das **Echo,** die Echos
   = der Widerhall
die **Ech|se,** die Echsen
   = ein Kriechtier
   echt = natürlich, wirklich,
   nicht nachgemacht

D d

eck

die **Ecke**, die Ecken
= ein Knick, ein Winkel
eckig = kantig

ed

edel = wertvoll, schön
das **Edel|weiß**, die Edelweiß
= eine Pflanze im Gebirge
die **EDV** = die elektronische
Datenverarbeitung

eg

egal = gleichgültig,
gleichartig, einerlei
der **Ego|ist**, die **E|go|is|tin**,
die Egoisten,
die Egoistinnen = ein
selbstsüchtiger Mensch
ego|is|tisch = ichbezogen

eh

die **Ehe**, die Ehen = eine
Lebensgemeinschaft
die **Eh|re**, die Ehren
= das Ansehen
das **Eh|ren|wort** = ein
Versprechen
ehr|gei|zig = eifrig,
strebsam
ehr|lich = aufrichtig

ei

das **Ei**, die Eier
➤ das Hühnerei

die **Ei|che**, die Eichen
= ein Laubbaum
das **Eich|hörn|chen**,
die Eichhörnchen
= ein Nagetier
das **Eich|kätz|chen**,
die Eichkätzchen
= ein Nagetier
der **Eid**, die Eide = ein Schwur
die **Ei|dech|se**, die Eidechsen
= ein Kriechtier
das **Ei|er|schwam|merl**,
die Eierschwammerln
= ein Pilz
der **Ei|fer** = der Fleiß,
das Streben
ei|fer|süch|tig = neidisch
eif|rig = fleißig, strebsam
das **Ei|gelb**, die Eigelbe
= der Dotter
ei|gen = merkwürdig
ei|gen|ar|tig = seltsam,
merkwürdig
ei|ge|ne = meine
die **Ei|gen|schaft**,
die Eigenschaften
= das Merkmal
das **Ei|gen|schafts|wort**
= das Adjektiv, das Wiewort
ei|gent|lich = tatsächlich,
ursprünglich

E e

das **Ei|gen|tum**, die Eigentümer
= der Besitz

sich **eig|nen**, du eignest dich
= passen, geeignet sein

das **Ei|klar**, die Eiklare
= das Eiweiß

die **Ei|le** = die Hast

ei|lig = schnell, geschwind

der **Ei|mer**, die Eimer
= der Kübel

ein ➤ ein Buch lesen

> *Mit **ein-** kannst du Wörter
> bauen: **Ein|bruch**,
> **ein|deutig, ein|kaufen.**
> Wenn du ein Wort unter
> **ein-** nicht findest, dann
> mache Folgendes: Suchst
> du **Ein|fahrt**, schau bei
> **Fahrt** nach!*

ei|n|an|der ➤ Sie lieben
einander.

> *Mit -einander kannst du
> Wörter bauen:
> **auf|einander, aus|ein-
> ander, mit|einander,
> von|einander.***

die **Ein|bahn**, die Einbahnen
➤ die Einbahnstraße

der **Ein|band**, die Einbände
= der Umschlag

sich **ein|bil|den**, du bildest

dir ein = annehmen, sich
etwas vormachen

der **Ein|bre|cher**,
die **Ein|bre|che|rin**,
die Einbrecherinnen
= der/die
Diebin

der **Ein|bruch**,
die Einbrüche
= der Diebstahl,
der Einsturz

ein|deu|tig = klar, genau

ei|nem ➤ auf einem Bein
stehen

ei|nen ➤ eine Melone
essen

ein|fach = leicht, natürlich,
schlicht

ein|fä|deln, du fädelst ein
➤ den Zwirn in die Nadel
einfädeln

der **Ein|fluss**, die Einflüsse
= die Macht, die
Bedeutung, die Einwirkung

der **Ein|gang**, die Eingänge
= die Tür, die Öffnung

ein|ge|bil|det
= überheblich, eitel

ein|hei|misch = hier zu
Hause

ein|hei|zen, du heizt ein

E e

= warm machen,
die Heizung einschalten
ei|ni|ge = ein paar
sich **ei|ni|gen**, du einigst dich
= sich vertragen,
übereinkommen
der **Ein|kauf**, die Einkäufe
= der Erwerb,
die Anschaffung
ein|kau|fen, du kaufst ein
= erwerben, anschaffen
ein|la|den, du lädst ein
→ laden;
= bitten zu kommen
die **Ein|la|dung**,
die Einladungen
➤ eine Einladung zum
Geburtstag
ein|mal = ein einziges Mal,
damals
auf ein|mal = plötzlich
das **Ein|mal|eins**
= die Malrechnung
ein|pa|cken,
du packst ein
= einwickeln,
einhüllen
ein|rich|ten,
du richtest
ein = in eine Wohnung
Möbel stellen

die **Ein|rich|tung**,
die Einrichtungen
= die Möbel
eins = die Ziffer 1
ein|sam = allein, verlassen
ein|schla|fen, du schläfst
ein → schlafen;
= einnicken, gefühllos
werden
ein|se|hen, du siehst ein
→ sehen; = verstehen,
gutheißen
der **Ein|ser**, die Einser = die
Ziffer 1, die Schulnote 1
ein|sper|ren, du sperrst
ein = einschließen, ins
Gefängnis bringen
ein|stim|mig = gemeinsam,
vereint, ohne Gegenstimme
der **Ein|tritt** = der Einlass,
der Zugang;
➤ der Eintrittspreis
ein|ver|stan|den sein,
du bist einverstanden
= zustimmen
die **Ein|weg|fla|sche**,
die Einwegflaschen
= die Wegwerfflasche
die **Ein|zahl** = der Singular;
➤ Der Ball ist die Einzahl
von Bälle.

A B C D E F G H I J K L M N O P Q R S T U V W X Y Z

E e

die **Ein|zel|heit**,
    die Einzelheiten
    = der Bestandteil
    ein|zeln = jeder für sich,
    nacheinander
    ein|zig = nur, allein
das **Eis** = gefrorenes Wasser;
    ➤ Das Vanilleeis
    eislau|fen, du läufst eis
    = Schlittschuh laufen
die **Ei|sen|bahn**,
    die Eisenbahnen = der Zug
    Ei|sen|stadt
    = die Hauptstadt vom
    Burgenland
das **Eis|ho|ckey** = eine Sportart
    ei|sig = eiskalt, glatt
    ei|tel = überheblich,
    eingebildet
die **Ei|tel|keit**, die Eitelkeiten
    = die Sucht zu gefallen
    eit|rig ➤ eine eitrige
    Wunde
das **Ei|weiß**, die Eiweiße
    = das Eiklar

ek

    ekel|haft = eklig, grauslich
    ek|lig [e|ke|lig] = ekelhaft,
    grauslich
sich **ekeln**, du ekelst dich
    = sich grausen

el

    elas|tisch = dehnbar
der **Ele|fant**,
    die Elefanten
    = ein
    Säugetier
    mit Rüssel
    ele|gant = modisch,
    vornehm
der **Elek|t|ri|ker**,
    die **Elek|t|ri|ke|rin**,
    die Elektrikerinnen
    = der/die Handwerkerin
    für Elektrotechnik
    elek|t|risch = mit Strom
die **Elek|t|ri|zi|tät**
    = elektrische Energie
    elek|t|ro|nisch
    = mit Computer
das **Ele|ment**, die Elemente
    = der Bestandteil,
    der Grundstoff
    elend = miserabel,
    schlecht
das **Elend** = die Not, die Armut
    elf = die Zahl 11
der **Elf|me|ter**, die Elfmeter
    ➤ der Strafstoß im Fußball
der **Ell|bo|gen**, die Ellbogen
    = ein Teil des Arms
die **El|tern** = Mama und Papa

E e

A
B
C
D
E
F
G
H
I
J
K
L
M
N
O
P
Q
R
S
T
U
V
W
X
Y
Z

em

das / die **E-Mail**, die E-Mails
= die elektronische Post im
Computer

er **emp|fahl** → empfehlen

emp|fan|gen,
du empfängst, er empfing,
sie hat empfangen
= bekommen

der **Emp|fän|ger**,
die **Emp|fän|ge|rin**,
die Empfängerinnen
= jemand, der etwas erhält

emp|feh|len, du empfieh-
lst, er empfahl,
sie hat empfohlen
= anbieten, vorschlagen

emp|fin|den,
du empfindest, er empfand,
sie hat empfunden = fühlen

emp|find|lich = sensibel

er **emp|fing** → empfangen

sich **em|pö|ren**, du empörst
dich = aufregen

en

> *Falls du ein Wort unter en-
> nicht findest, schau mal bei
> em- nach!*

das **En|de**, die Enden
= der Schluss

end|lich = am Ende

end|los = ohne Ende

die **Ener|gie**, die Energien
= die Kraft

eng = schmal, gedrängt

der **En|gel**,
die Engel
= ein
braves
Kind,
ein Himmelsbote

Eng|land = (ein Teil von)
Großbritannien

eng|lisch ➤ die englische
Sprache, auf Englisch

der **En|kel**, die Enkel
= der Enkelsohn

die **En|ke|lin**, die Enkelinnen
= die Enkeltochter

enorm = sehr

enorm = ungewöhnlich,
groß

> *Mit **ent-** kannst du Wörter
> bauen: **ent|wickeln**,
> **Ent|scheidung**, **ent|setzt**.
> Wenn du ein Wort unter
> **ent-** nicht findest, dann
> mache Folgendes: Suchst
> du **ent|laufen**, schau bei
> **laufen** nach!*

die **Ent|bin|dung**, die
Entbindungen = die Geburt

87

E e

ent|de|cken, du entdeckst
= erforschen, erblicken,
herausfinden
die **Ent|de|ckung**, die
Entdeckungen = der Fund
die **En|te**, die Enten
= ein Vogel

ent|fer|nen,
du entfernst
= wegschaffen
ent|fernt = weit weg
die **Ent|fer|nung**,
die Entfernungen
= der Abstand, die Distanz
ent|füh|ren, du entführst
= verschleppen
ent|ge|gen = trotz, gegen
ent|geg|nen,
du entgegnest
= antworten, erwidern
ent|kom|men,
du entkommst → kommen;
= davonlaufen
ent|lang = seitlich, neben
ent|las|sen, du entlässt
= freilassen, kündigen
ent|leh|nen, du entlehnst
= ausborgen
ent|mu|ti|gen,
du entmutigst
= den Mut nehmen

sich **ent|schei|den**,
du entscheidest dich,
er entschied sich, sie hat
sich entschieden
= bestimmen, sich
entschließen
die **Ent|schei|dung**,
die Entscheidungen
= das Urteil, der Entschluss
er **ent|schied** → entscheiden
sich **ent|schlie|ßen**,
du entschließt dich,
er entschloss sich, sie hat
sich entschlossen
= sich entscheiden
der **Ent|schluss**,
die Entschlüsse
= die Entscheidung
sich **ent|schul|di|gen**,
du entschuldigst dich
= um Verzeihung bitten
die **Ent|schul|di|gung**, die
Entschuldigungen
= die Verzeihung
sich **ent|set|zen**, du entsetzt
dich = Angst haben,
sehr erschrecken
ent|setz|lich = fürchterlich
sich **ent|span|nen**,
du entspannst dich
= sich erholen, ausruhen

E e

88

die **Ent|span|nung**,
   die Entspannungen
   = die Erholung
ent|ste|hen,
   du entstehst, er entstand,
   sie ist entstanden
   = sich bilden, ausbrechen
ent|täu|schen,
   du enttäusch(s)t
   = die Erwartung nicht
   erfüllen, versagen
ent|täuscht = unglücklich,
   unzufrieden
ent|we|der ... oder
   = eines von beiden
(sich) **ent|wi|ckeln**,
   du entwickelst (dich)
   = hervorbringen, entstehen
die **Ent|wick|lung**, die
   Entwicklungen
   ➤ die Fotoentwicklung
der **Ent|wurf**, die Entwürfe
   = der Plan, der Versuch
ent|zü|ckend = hübsch,
   liebenswert
ent|zün|den, du entzün-
   dest = Feuer machen
ent|zwei = in zwei Teilen,
   kaputt
der **En|zi|an**, die Enziane
   = eine Blume

er

er ➤ Er schläft.

> Mit **er-** kannst du Wörter
> bauen: **er|warten**,
> **Er|holung**, **er|freut**.
> Wenn du ein Wort unter **er-**
> nicht findest, dann mache
> Folgendes: Suchst du
> **er|leben**, schau bei **leben**
> nach!

das **Er|be** = die Erbschaft
er|ben, du erbst = Dinge
   nach dem Tod von
   jemandem bekommen
die **Erb|se**,
   die Erbsen
   = ein Gemüse
der **Erd|ap|fel**,
   die Erdäpfel
   = die Kartoffel
das **Erd|be|ben**, die Erdbeben
   = die Erderschütterung
die **Erd|bee|re**, die Erdbeeren
   = eine Frucht
die **Er|de**,
   die Erden
   = die Welt,
   der Boden
das **Erd|ge|schoß**,
   die Erdgeschoße = das
   ebenerdige Stockwerk

E e

die **Erd|nuss**, die Erdnüsse
= eine Hülsenfrucht
das **Erd|öl** = ein Brennstoff
der **Erd|teil**, die Erdteile
= der Kontinent
die ~~E|re~~ → Ehre
das **Er|eig|nis**, die Ereignisse
= der Vorfall,
das Geschehen
er|fah|ren, du erfährst
→ fahren; = hören, erleben
die **Er|fah|rung**,
die Erfahrungen
= die Kenntnis, das Wissen
er|fin|den,
du erfindest
→ finden;
= entwickeln,
erdichten
die **Er|fin|dung**,
die Erfindungen
= die Entwicklung
der **Er|folg**, die Erfolge
= die Anerkennung,
der Sieg
er|folg|los = ohne Erfolg
er|folg|reich = mit Erfolg
er|for|schen, du erforscht
= erkunden, untersuchen
er|freu|en, du erfreust
= Freude machen

er|freu|lich = angenehm,
gut
er|frie|ren, du erfrierst
= vor Kälte sterben
sich **er|fri|schen**, du erfrisch(s)t
dich = sich frisch machen,
sich stärken
die **Er|fri|schung**,
die Erfrischungen
= die Stärkung
er|gän|zen, du ergänzt
= vervollständigen
das **Er|geb|nis**,
die Ergebnisse
➤ das
Ergebnis
der Rechnung
er|hal|ten, du erhältst
→ halten; = bekommen
er|hit|zen, du erhitzt
= heiß machen
sich **er|ho|len**, du erholst dich
= sich entspannen,
ausruhen
sich **er|in|nern**, du erinnerst
dich = gedenken
die **Er|in|ne|rung**,
die Erinnerungen = der
Blick in die Vergangenheit
sich **er|käl|ten**, du erkältest
dich = sich verkühlen

90

E e

er|klä|ren, du erklärst
= verständlich machen,
begründen

die **Er|klä|rung**,
die Erklärungen
= die Begründung

er|kran|ken, du erkrankst
= sich anstecken,
krank werden

er|lau|ben, du erlaubst
= zulassen, zustimmen

die **Er|laub|nis**,
die Erlaubnisse
= die Zustimmung

er|le|ben, du erlebst
= erfahren

das **Er|leb|nis**, die Erlebnisse
= das Ereignis

er|le|di|gen, du erledigst
= fertig machen, tun

er|leich|tert sein, du bist
erleichtert = aufatmen

er|mah|nen, du ermahnst
= zurechtweisen, verwarnen

die **Er|mä|ßi|gung**,
die Ermäßigungen
= der Preisnachlass

sich **er|näh|ren**, du ernährst
dich = essen

ernst = ernsthaft,
gefährlich

der **Ernst** = die Strenge

Du schreibst groß: Das ist
Ernst *und kein Spiel. Sie*
will das allen ***Ernstes***.
Du schreibst klein: Ich
meine das ***ernst***. *Es ist mir*
ernst. *Er nimmt es auch*
ernst.

die **Ern|te**, die Ernten
➤ die Obsternte

ern|ten, du erntest
= einbringen, pflücken

er|obern, du eroberst
= besetzen

die **Er|öff|nung**, die
Eröffnungen ➤ Die
Ausstellung ist eröffnet.

er|pres|sen, du erpresst
= (er)zwingen

die **Er|pres|sung**,
die Erpressungen
➤ die Lösegelderpressung

er|ra|ten,
du errätst
→ raten;
= herausfinden

er|rei|chen,
du erreichst
= hingelangen, erzielen

er|rö|ten, du errötest
= rot werden, sich schämen

E e

der **Er|satz**
= die Gegenleistung

das **Er|satz|teil**, die Ersatzteile
➤ das Ersatzteillager

er|schei|nen, du erscheinst
→ scheinen; = auftauchen,
eintreffen

er|schöpft
= müde,
kraftlos

er **er|schrak**
→ erschrecken (2)

er|schre|cken (1),
du erschreckst jemanden,
er erschreckte, sie hat
erschreckt = Angst machen

er|schre|cken (2),
du erschrickst über etwas,
er erschrak, sie ist erschro-
cken
= Angst bekommen

du **er|schrickst**
→ erschrecken (2)

er|spa|ren, du ersparst
= Geld beiseite legen

erst = zuerst, vorher

er|star|ren, du erstarrst
= unbeweglich werden,
gefrieren

er|stau|nen, du erstaunst
= überrascht sein

ers|te = an 1. Stelle

> *Du schreibst groß: Beim*
> *Laufen bin ich die **Erste***
> *(= die Siegerin). Als **Erstes***
> *trinke ich Wasser. Sie*
> *braucht **Erste** Hilfe.*
> *Du schreibst klein: das*
> *erste Mal, der erste Mai*

ers|tens = zuerst

er|sti|cken, du erstickst
= keine Luft bekommen und
sterben

er **er|trank** → ertrinken

er|trin|ken, du ertrinkst,
er ertrank, sie ist ertrunken
= im Wasser untergehen
und sterben

er|wach|sen = groß, alt,
reif, voll entwickelt

der **Er|wach|se|ne**,
die **Er|wach|se|ne**
die Erwachsenen
= der/die Große

er|wär|men, du erwärmst
= warm machen

er|wi|dern, du erwiderst
= antworten, entgegnen

das **Erz**, die Erze = ein Gestein
mit Metall

er|zäh|len, du erzählst
= mitteilen, schildern

E e

die **Er|zäh|lung**,
　　die Erzählungen
　　= ein Märchen, ein Roman
　　er|zeu|gen, du erzeugst
　　= herstellen
die **Er|zie|hung**
　　= die Ausbildung

es

　　es ➤ Es regnet.
der **Esel**, die Esel
　　= ein Lastentier,
　　ein Dummkopf
der **Es|ki|mo**, die Eskimos
　　= der/die Bewohnerin
　　der Arktis
　　es|sen, du isst, er aß, sie
　　hat gegessen = speisen,
　　sich ernähren
das **Es|sen**,
　　die Essen
　　= die Nahrung,
　　die Mahlzeit
der **Es|sig** ➤ Essig und Öl für
　　den Salat
der **Ess|löf|fel**, die Esslöffel
　　➤ der Suppenlöffel

et

die **Eta|ge**, die Etagen
　　= der Stock, das Stockwerk
das **Eti|kett**, die Etiketten
　　= das Schild, der Aufkleber

das **Etui**, die Etuis
　　= ein Behälter
　　et|wa = ungefähr
　　et|was = ein wenig

eu

die **EU** = die Europäische
　　Union
　　euch ➤ Grüß euch!
　　eu|er ➤ euer Haus
　　betreten
　　eu|re ➤ eure Blumen
　　gießen
der **Eu|ro**, die Euros (€)
　　= unsere Währung
　　Eu|ro|pa = ein Erdteil
der **Eu|ro|pä|er**,
　　die **Eu|ro|pä|e|rin**
　　die Europäerinnen
　　= der/die Bewohnerin
　　Europas
die **Eu|ro|pä|i|sche Union**
　　= die EU

ev

　　evan|ge|lisch
　　➤ die evangelische
　　Religion
der **Event**, die Events
　　= das Ereignis,
　　die Veranstaltung
　　e|ven|tu|ell = vielleicht,
　　möglicherweise

E e

ew

> **ewig** = (für) immer

ex

> **ex|akt** = genau
>
> **exo|tisch** = fremd, anders

das **Ex|pe|ri|ment**,
> die Experimente
> = der Versuch

der **Ex|per|te**, die **Ex|per|tin**,
> die Eperten,
> die Expertinnen
> = der Fachmann,
> die Fachfrau
>
> **ex|plo|die|ren**,
> du explodierst
> = in die
> Luft fliegen

die **Ex|plo|sion**,
> die Explosionen
> ➤ die Bombenexplosion
>
> **ex|t|ra** = nebenbei, beson-
> ders, zusätzlich
>
> **ex|t|rem** = sehr,
> übertrieben

F f

fa/fä

die **Fa|bel**,
> die Fabeln
> = eine
> Erzählung, wo Tiere
> wie Menschen handeln

die **Fab|rik**, die Fabriken
> = der Betrieb

das **Fach**, die Fächer = der
> Gegenstand, das Regal
>
> **fad**[e] = langweilig,
> geschmacklos, schal

der **Fa|den**, die Fäden
> = eine dünne Schnur
>
> **fä|hig** = begabt, geschickt

die **Fah|ne**, die Fahnen
> = die Flagge

die **Fahr|bahn**,
> die Fahrbahnen = ein Teil
> der Straße

die **Fäh|re**, die Fähren
> = ein Schiff
>
> **fah|ren**, du fährst, er fuhr,
> sie ist gefahren = reisen,
> sich fortbewegen

der **Fah|rer**, die **Fah|re|rin**,
> die Fahrerinnen
> = der/die Lenkerin

94

die **Fahr|kar|te**, die Fahrkarten
= das Ticket

das **Fahr|rad**, die Fahrräder
= das Rad

die **Fahrt**, die Fahrten
= die Reise

das **Fahr|zeug**, die Fahrzeuge
= ein Auto, ein Bus

fair = anständig, ehrlich

der **Fall**, die Fälle
➤ der Wasserfall,
der dritte Fall

die **Fal|le**, die Fallen
➤ die Fuchsfalle

fal|len, du fällst, er fiel, sie
ist gefallen = stürzen

fäl|len, du fällst, er fällte,
sie hat gefällt
= umschneiden

falsch = unrichtig,
fehlerhaft

fäl|schen, du fälscht
= nachmachen

die **Fal|te**, die Falten
➤ die Augenfalten

fal|ten, du faltest
= zusammenlegen

die **Fa|mi|lie**, die Familien
= die Verwandtschaft

der **Fan**, die Fans
= der/die Anhängerin

der ~~**Fan**~~ → Fun

er **fand** → finden

fan|gen, du fängst, er fing,
sie hat gefangen
= ergreifen, erwischen

die **Fan|ta|sie** [**Phan|ta|sie**],
die Fantasien
= die Vorstellungskraft

fan|tas|tisch
[**phan|tas|tisch**]
= großartig

fär → fair

die **Far|be**,
die Farben
➤ Rot, Grün
oder Blau sind Farben.

fär|ben, du färbst
= anmalen, farbig machen

far|big = bunt

fär|big ➤ einfärbig,
zweifärbig

das **Fa|schier|te**
= das Hackfleisch

der **Fa|sching**, die Faschinge
= der Karneval

der **Fa|schings|krap|fen**,
die Faschingskrapfen
= eine Germmehlspeise

das **Fass**, die Fässer
= die Tonne;
➤ das Weinfass

Ff

fas|sen, du fasst
= erwischen, nehmen
fast = beinahe
das **Fast|food**
= ein Schnellgericht
fas|ten, du fastest
= hungern
faul = ungenießbar, nicht
fleißig
das ~~Faul~~ → Foul
fau|len, es fault
= schlecht werden
fau|len|zen, du faulenzt
= nichts tun
die **Faust**, die Fäuste
= die zusammengeballte
Hand
der **Fa|vo|rit**, die **Fa|vo|ri|tin**,
die Favoriten,
die Favoritinnen
= ein möglicher Sieger,
eine mögliche Siegerin
das **Fax**, die Faxe
= das Faxgerät,
der gefaxte
Brief
fa|xen,
du faxt
= ein Fax schicken
die **Fa|xen**
= der Unsinn

fe
der **Fe|bru|ar** = der zweite
Monat
die **Fe|der**, die Federn
➤ die Füllfeder,
die Vogelfeder
das **Fe|der|pen|nal**,
die Federpennale
= der Behälter für die Stifte
die **Fee**, die Feen
= eine Märchenfigur
feh|len, du fehlst
= nicht da sein, vermissen
der **Feh|ler**, die Fehler
= der Irrtum
feh|ler|los = ohne Fehler
die **Fei|er**, die Feiern
= das Fest
fei|ern, du feierst
= ein Fest machen
der **Fei|er|tag**, die Feiertage
= ein kirchlicher oder
staatlicher Festtag
feig[e] = ängstlich,
furchtsam
die **Fei|ge**, die Feigen
= eine Frucht
der **Feig|ling**, die Feiglinge
= der Angsthase
fei|len, du feilst = schleifen
fein = dünn, ausgezeichnet

F f

der **Feind**, die **Fein|din**,
   die Feinde, die Feindinnen
   = der Gegner, die Gegnerin
   feind|lich = gegnerisch,
   unfreundlich
die **Feind|schaft**,
   die Feindschaften
   = die Gegnerschaft
das **Feld**, die Felder = der Acker
das **Fell**, die Felle = das
   Haarkleid der Tiere
die ~~Fel|le~~ → der Fall, die Fälle
der **Fels**[en], die Felsen
   = das Gestein
der ~~Fen~~ → Fan
das **Fens|ter**, die Fenster
   ➤ das Schaufenster,
   das Kippfenster

> *Wenn du ein Wort unter*
> ***fer-*** *nicht findest, dann*
> *schau bei* ***ver-*** *nach!*

   fer → fair
die **Fe|ri|en** = der Urlaub,
   die Erholungszeit
das **Fer|kel**,
   die Ferkel
   = das junge
   Schwein
   fern = weit weg, entfernt
 · **fern|se|hen**, du siehst fern
   → sehen; = fernschauen

der **Fern|se|her**, die Fernseher
   = der Fernsehapparat
die **Fer|se**, die Fersen
   = der hintere Teil des
   Fußes
die ~~Fer|se~~ → der Vers,
   die Verse
   fer|tig sein, du bist fertig
   = bereit sein,
   erschöpft sein
   fesch = schön,
   geschmackvoll
   fest = hart,
   dick, steif
das **Fest**, die Feste
   = die Feier, die Party
   fest|stel|len, du stellst fest
   = bemerken
   fett = kräftig, dick, fettig
das **Fett**, die Fette
   = das Fettgewebe,
   der Speck, das Öl
der **Fet|zen**, die Fetzen
   = der Putzlappen, das Tuch
   feucht = etwas nass,
   regnerisch
das **Feu|er**, die Feuer
   = die Flamme, der Brand
die **Feu|er|wehr**,
   die Feuerwehren
   ➤ Sie löscht das Feuer.

97

F f

das **Feu|er|werk**,
die Feuerwerke = das
Abbrennen von Raketen

fi

die **Fi|bel**, die Fibeln
= das erste
Lesebuch
das **Fie|ber**
= erhöhte
Körpertemperatur
das **Fie|ber|ther|mo|me|ter**,
die Fieberthermometer
= der Fiebermesser
~~fieht~~ → viel
~~fieht~~ → fiel → fallen
er   **fiel** → fallen
die **Fi|gur**, die Figuren
= die Gestalt
der **Film**, die Filme
fil|men, du filmst
= einen Film drehen
der **Film|star**, die Filmstars
= eine Schauspielerin
der **Filz|stift**, die Filzstifte
= ein Malstift
die **Fi|nan|zen** = das Geld
fin|den, du findest, er fand,
sie hat gefunden
= entdecken, erblicken
er   **fing** → fangen
der **Fin|ger**, die Finger

der **Fink**, die Finken
= ein Singvogel
fins|ter = dunkel
die **Fins|ter|nis**
= die Dunkelheit
die **Fir|ma**, die Firmen
= der Betrieb
der **Fisch**, die Fische
fi|schen, du fisch(s)t
= angeln
die **Fi|so|le**, die Fisolen
= die grüne Bohnenschote
fit = gesund, in Form
die **Fit|ness** = die Sportlichkeit
fix = fest, schnell
fix und **fertig sein**
= erschöpft sein

fl

flach = niedrig, seicht, eben
die **Flag|ge**, die Flaggen
= die Fahne
die **Flam|me**, die Flammen
= das Feuer
die **Fla|sche**, die Flaschen
flau = leicht übel, schlecht
flech|ten, du flechtest
[flichst], er flocht, sie hat
geflochten = binden
der **Fleck**, die Flecken
= der Klecks,
der Patzer

F f

die **Fle|der|maus**,
   die Fledermäuse
   = ein fliegendes Säugetier
der **Fle|gel**, die Flegel
   = ein unhöflicher Mensch
   fle|hen, du flehst = bitten,
   beschwören
der **Fleiß** = der Ehrgeiz,
   der Eifer
das **Fleisch** ➤ das Rindfleisch
der **Fleisch|hau|er**,
   die **Fleisch|hau|e|rin**
   die Fleischhauerinnen
   = der/die Metzgerin
   flei|ßig = eifrig, strebsam
   fli|cken, du flickst = nähen,
   reparieren
der **Flie|der**, die Flieder
   = ein Strauch
die **Flie|ge**, die Fliegen
   = ein Insekt, das Mascherl
   flie|gen, du fliegst, er flog,
   sie ist geflogen
   = schweben, mit dem
   Flugzeug reisen, hinfallen,
   hinausgeworfen werden
   flie|hen, du fliehst, er floh,
   sie ist geflohen
   = davonlaufen, flüchten
die **Flie|se**, die Fliesen
   = die Kachel

flie|ßen, es fließt, er floss,
   sie ist geflossen
   = rinnen, strömen
   flink = schnell, rasch
   flit|zen, du flitzt
   = sausen, laufen
die **Flo|cke**, die Flocken
   ➤ die Schneeflocke
er **flog** → fliegen
der **Floh**, die Flöhe
   = ein Insekt
er **floh** → fliehen
das **Floß**, die Flöße = ein Boot
er **floss**
   → fließen
die **Flos|se**,
   die Flossen
   ➤ die Schwimmflossen
die **Flö|te**, die Flöten
   = ein Musikinstrument
   flu|chen, du fluchst
   = verwünschen, schimpfen
die **Flucht** = das Entkommen
   flüch|ten, du flüchtest
   = fliehen, entlaufen
der **Flücht|ling**, die
   Flüchtlinge = jemand, der
   vor Krieg und Not in seiner
   Heimat flieht
der **Flug**, die Flüge
   ➤ der Tiefflug

F f

der **Flü|gel**, die Flügel
= der Fittich, die Schwinge,
ein großes Klavier

das **Flug|zeug**, die Flugzeuge
= der Flieger

der **Flur**, die Flure
= der Vorraum

der **Fluss**, die Flüsse
= ein Gewässer

flüs|sig = fließend,
geschmolzen, verfügbar

flüs|tern, du flüsterst
= tuscheln, leise sprechen

fo

das **Foh|len**, die Fohlen
= ein junges Pferd

der **Föhn** = der Haartrockner,
der Fallwind

föh|nen, du föhnst
= mit heißer Luft trocknen

die **Föh|re**, die Föhren
= ein Nadelbaum

die **Fol|ge**, die Folgen
= die Auswirkung

fol|gen, du folgst
= hinterhergehen,
gehorchen

folg|sam = brav, gehorsam

die **Fo|lie**, die Folien
➤ die Plastikfolie

die **Fol|ter** = die Misshandlung

fol|tern, du folterst
= misshandeln

fop|pen, du foppst
= aufziehen, ärgern

for|dern, du forderst
= verlangen

för|dern, du förderst
= unterstützen

die **Fo|rel|le**, die Forellen
= ein Fisch

die **Form**, die Formen
= die Gestalt

for|men, du formst
= bearbeiten

das **For|mu|lar**, die Formulare
= ein Fragebogen

for|schen, du forsch(s)t
= untersuchen, hinterfragen

der **For|scher**,
die **For|sche|rin**,
die Forscherinnen
= der/die Wissenschaftlerin

fort = weg, nicht da

*Mit **fort-** kannst du Wörter bauen: **Fort|setzung**, **fort|gehen**, **fort|schrittlich**. Wenn du ein Wort unter **fort-** nicht findest, dann mache Folgendes: Suchst du **fort|laufen**, schau bei **laufen** nach!*

100

F f

fort|ge|hen, du gehst fort
= weggehen, ausgehen
der **Fort|schritt**,
die Fortschritte
= die Weiterentwicklung,
der Erfolg
die **Fort|set|zung**,
die Fortsetzungen
= die Weiterführung
das **Fo|to**, die Fotos = ein Bild
der **Fo|to|ap|pa|rat**,
die Fotoapparate
= die Fotokamera
der **Fo|to|graf**, die **Fo|to|gra|fin**,
die Fotografen,
die Fotografinnen
= jemand, der Lichtbilder
macht
fo|to|gra|fie|ren,
du fotografierst
= knipsen,
ein Foto
schießen
die **Fo|to|ka|me|ra**,
die Fotokameras
= ein Bildaufnahmegerät
das **Foul**, die Fouls
= ein Regelverstoß

fr

die **Fra|ge**, die Fragen
= eine Erkundigung

fra|gen, du fragst
= eine Frage stellen
das **Fra|ge|zei|chen**,
die Fragezeichen = ?
= ein Satzzeichen
die **Frank|fur|ter (Würs|tel)**
= eine Art von Würstchen
fran|kie|ren, du frankierst
= eine Briefmarke
aufkleben
Frank|reich = ein EU-Land
die **Fran|se**, die Fransen
➤ die Stirnfransen,
der Pony
fran|zö|sisch
= eine Sprache
er **fraß** → fressen
die **Frau**, die Frauen
frech = ungezogen, vorlaut
die **Frech|heit**, die Frechheiten
= die Unverschämtheit
frei = unabhängig, leer
das **Freie** = draußen
frei|hän|dig = ohne Hände
die **Frei|heit**, die Freiheiten
= die Selbstständigkeit,
die Unabhängigkeit
frei|lich = allerdings,
selbstverständlich, aber
der **Frei|tag**, die Freitage
= der fünfte Wochentag

101

F f

frei|tags = jeden Freitag

frei|wil|lig = von sich aus, ungefragt

frei|zü|gig = großzügig

die **Frei|zeit** = die freie Zeit

fremd = unbekannt, anders

der **Frem|de**, die **Frem|de**, die Fremden = die fremde Person

fres|sen, du frisst, er fraß, sie hat gefressen = futtern, verschlingen

das **Frett|chen**, die Frettchen = eine Iltisart

die **Freu|de**, die Freuden = das Glück, die Begeisterung

sich **freu|en**, du freust dich = glücklich sein, genießen

der **Freund**, die **Freun|din**, die Freunde die Freundinnen

freund|lich = höflich, nett

die **Freund|schaft**, die Freundschaften = die Zusammengehörigkeit

der **Frie|de**[n] = die Stille, die Zeit ohne Krieg

der **Fried|hof**, die Friedhöfe = eine Begräbnisstätte

fried|lich = ruhig, still

frie|ren, du frierst, er fror, sie hat gefroren = kalt sein, erstarren, vereisen

das **Fris|bee**, die Frisbees = eine Wurfscheibe

frisch = neu, sauber, kühl

fri|sie|ren, du frisierst = kämmen, bürsten

der **Fri|sör** [**Fri|seur**], die **Fri|sö|rin**, die Frisöre, die Frisörinnen = der/die Haarschneiderin

die **Frist**, die Fristen = der Zeitraum

die **Fri|sur**, die Frisuren = der Haarschnitt

die **Frit|ta|te**, die Frittaten = eine Suppeneinlage

froh = glücklich, zufrieden

fröh|lich = lustig, vergnügt

fromm = gläubig, religiös

er **fror** → frieren

fron|tal = von vorne

der **Frosch**, die Frösche
  ➤ der Laubfrosch

F f

der **Frost**, die Fröste
= die Temperatur unter null
Grad Celsius (0 °C)
frös|teln, du fröstelst
= frieren
die **Frucht**, die Früchte
= das Obst
frucht|bar = ertragreich
früh = in der Früh, zeitig
➤ morgen Früh
frü|her = vorher; ehemalig
das **Früh|jahr** = der Frühling
der **Früh|ling** = das Frühjahr,
eine Jahreszeit
das **Früh|stück**
= das Essen am Morgen
früh|stü|cken,
du frühstückst
= das Frühstück
einnehmen
frus|triert
= enttäuscht,
unzufrieden
fu/fü
der **Fuchs**, die Füchse
= ein Raubtier
füh|len, du fühlst
= spüren, empfinden
er **fuhr** → fahren
füh|ren, du führst
= vorangehen, leiten

der **Füh|rer**, die **Füh|re|rin**
die Führerinnen
= der/die Leiterin
der **Füh|rer|schein**,
die Führerscheine
= die Berechtigung zum
Autofahren
die **Füh|rung**, die Führungen
= die Leitung
fül|len, du füllst
= voll gießen, voll machen
die **Füll|fe|der**, die Füllfedern
= ein Schreibstift mit Tinte
der **Fun** = der Spaß
der **Fund**,
die Funde
= die Fundsache
die Entdeckung
fünf = die Ziffer

*Du schreibst groß: die
Ziffer **Fünf**, einen **Fünfer**
kriegen, als **Fünfter**
im Ziel sein.
Du schreibst klein: **fünfmal**,
fünfzig. Um **fünf** (Uhr)
werde ich genau **fünf**
(Jahre alt).*

der **Fun|ke[n]**, die Funken
➤ der Feuerfunken
fun|keln, du funkelst
= leuchten

Ff

fun|ken, du funkst = einen Funkspruch durchgeben

fun|kel|na|gel|neu = sehr neu

funk|ti|o|nie|ren, du funktionierst = arbeiten, laufen

für ➤ ein Geschenk für dich

die **Furcht** = die Angst

furcht|bar = fürchterlich, schrecklich

sich **fürch|ten**, du fürchtest dich = Angst haben, sich ängstigen

fürch|ter|lich = furchtbar, schrecklich, sehr schlimm

der **Fürst**, die **Fürs|tin**, die Fürsten, die Fürstinnen = eine Adliger

der **Fuß**, die Füße

der **Fuß|ball**, die Fußbälle = ein Spiel, ein Lederball

der **Fuß|gän|ger**,

die **Fuß|gän|ge|rin**, die Fußgängerinnen = jemand, der zu Fuß geht

das **Fut|ter** = die Nahrung für Tiere

füt|tern, du fütterst = Essen geben

das **Fu|tur** = die Zukunft

G g

ga/gä

er **gab** → geben

die **Ga|bel**, die Gabeln = ein Teil des Essbestecks

ga|ckern, du gackerst ➤ Das Huhn gackert.

die ~~Gadiene~~ → Gardine

gäh|nen, du gähnst = bei weit offenem Mund tief einatmen, müde sein

es **galt** → gelten

der **Game|boy**, die Gameboys = ein Computerspielzeug

der **Gang**, die Gänge = der Flur, die Art zu gehen, das Essen

die **Gans**, die Gänse = ein Vogel

ganz = gesamt, völlig, heil

*Du schreibst groß: im Großen und **Ganzen**, aufs **Ganze** gehen.*
*Du schreibst klein: der **ganze** Tag, **ganztägig**, eine **ganz** neue Schule.*

gar = etwa, sehr
gar = weich gekocht
gar nichts = überhaupt
nichts
die **Ga|ra|ge**, die Garagen
= das Parkhaus
die **Ga|ran|tie**, die Garantien
= die Sicherheit
ga|ran|tie|ren,
du garantierst = versichern
die **Gar|de|ro|be**,
die Garderoben
= die Kleidung,
die Kleiderablage,
die Umziehkabine
die **Gar|di|ne**, die Gardinen
= der Vorhang
gar|nie|ren, du garnierst
= verzieren
gars|tig = gemein, schlimm
der **Gar|ten**, die Gärten
➤ der Obstgarten
der **Gärt|ner**, die **Gärt|ne|rin**,
die Gärtnerinnen
= Er/sie pflegt den Garten.
das **Gas**, die Gase
➤ das Erdgas
die **Gas|se**, die Gassen
= eine schmale Straße
der **Gast**, die Gäste
= der Besuch

der **Gau|men**, die Gaumen
➤ der Gaumengenuss
ge
das **Ge|bäck** = eine Semmel,
ein Keks
das ~~Gebäck~~ → Gepäck
das **Ge|bäu|de**, die Gebäude
= das Haus
das **Ge|bell** = das Bellen
ge|ben, du gibst, er gab,
sie hat gegeben
= austeilen, reichen
das **Ge|bet**,
die Gebete
➤ das
Abendgebet
er hat **ge|be|ten** → bitten
das **Ge|biet**, die Gebiete
= das Land, der Bezirk
das **Ge|bir|ge**, die Gebirge
= die Berge
das **Ge|biss**, die Gebisse
= die Zähne
sie hat **ge|bis|sen** → beißen
er ist **ge|blie|ben** → bleiben
er hat **ge|bo|gen** → biegen
ge|bo|ren sein, du bist
geboren → sein;
= auf die Welt kommen
das **Ge|bot**, die Gebote
= die Vorschrift

G g

er hat **ge|bo|ten** → bieten

sie hat **ge|bracht** → bringen

es hat **ge|brannt** → brennen

ge|brau|chen,
du gebrauchst = benutzen,
anwenden

die **Ge|brauchs|an|wei|sung**,
die Gebrauchsanweisungen
= die Bedienungsvorschrift

er hat **ge|bro|chen** → brechen

die **Ge|bühr**, die Gebühren
= die Abgabe

sie hat **ge|bun|den** → binden

die **Ge|burt**, die Geburten
= die Entbindung

der **Ge|burts|tag**,
die Geburtstage
= der Jahrestag

das **Ge|büsch**, die
Gebüsche
= das Strauchwerk

sie hat **ge|dacht**
→ denken

das **Ge|dächt|nis**,
die Gedächtnisse
= sich erinnern können

der **Ge|dan|ke**, die Gedanken
= der Einfall,
die Überlegung

das **Ge|dicht**, die Gedichte
= die Dichtung in Versen

das **Ge|drän|ge**
= die Drängelei, der Auflauf

die **Ge|duld** = die Ausdauer,
die Ruhe

ge|dul|dig = ausdauernd,
ruhig

die **Ge|fahr**, die Gefahren
= ein drohendes Unheil

ge|fähr|lich = bedrohlich

ge|fal|len, du gefällst,
er gefiel, sie hat gefallen
= schön finden

sie ist **ge|fal|len** → fallen

ge|fäl|ligst = möglichst

der **Ge|fan|ge|ne**,

die **Ge|fan|ge|ne**,
die Gefangenen
= der Häftling

das **Ge|fäng|nis**,
die Gefängnisse
= die Strafanstalt,
der Kerker

das **Ge|fäß**, die Gefäße
= ein Behälter, ein Becher

ge|fleckt = mit Flecken

er hat **ge|floch|ten** → flechten

sie ist **ge|flo|gen** → fliegen

sie ist **ge|flo|hen** → fliehen

es ist **ge|flos|sen** → fließen

das **Ge|flü|gel** = ein Huhn,
eine Ente

G g

das **Ge|frier|fach**,
    die Gefrierfächer = ein Teil
    des Kühlschranks
es hat **ge|fro|ren** → frieren
das **Ge|fühl**, die Gefühle
    = die Empfindung
sie hat **ge|fun|den** → finden
sie ist **ge|gan|gen** → gehen
sie hat **ge|ge|ben** → geben
    ge|gen = kontra, ungefähr
die **Ge|gend**, die Gegenden
    = das Gebiet
der **Ge|gen|satz**,
    die Gegensätze
    = das Gegenteil,
    der Kontrast
    ge|gen|sei|tig
    = wechselseitig
der **Ge|gen|stand**,
    die Gegenstände
    = die Sache, das Fach
das **Ge|gen|teil**, die Gegenteile
    = der Gegensatz
    ge|gen|über
    = auf der anderen Seite
die **Ge|gen|wart**
    = die Anwesenheit,
    die Jetztzeit, das Präsens
der **Geg|ner**, die **Geg|ne|rin**,
    die Gegnerinnen
    = der/die Feindin

sie hat **ge|gol|ten** → gelten
sie hat **ge|gos|sen** → gießen
sie hat **ge|grif|fen** → greifen
das **Ge|halt**, die Gehälter
    = der Lohn
sie hat **ge|han|gen** → hängen
das **Ge|häu|se**, die Gehäuse
    ➤ das Schneckengehäuse
    geh|be|hin|dert
    = nicht gut gehen können
    ge|heim = verborgen,
    nicht bekannt
das **Ge|heim|nis**,
    die Geheimnisse
    = ein Rätsel
    ge|heim|nis|voll
    = rätselhaft
ge|hen, du gehst, er ging,
    sie ist gegangen
    = sich fortbewegen,
    spazieren, wandern,
    funktionieren, klappen,
    austreten, erträglich sein
das **Ge|hirn**, die Gehirne
    = das Hirn, das Denkorgan
die **Ge|hirn|er|schüt|te|rung**,
    die Gehirnerschütterungen
    = eine Schädigung des
    Gehirns durch einen
    Schlag
sie hat **ge|ho|ben** → heben

G g

A B C D E F G H I J K L M N O P Q R S T U V W X Y Z

sie hat **ge|hol|fen** → helfen
das **Ge|hör** = die Ohren,
   das Hörvermögen
   ge|hor|chen, du gehorchst
   = folgen
   ge|hö|ren, du gehörst
   = Eigentum sein,
   angehören
der **Geh|steig**, die Gehsteige
   = der Fußgängerweg
der **Gei|er**,
   die Geier
   = ein Raubvogel
die **Gei|ge**, die Geigen
   = ein Musikinstrument
die **Gei|sel|nah|me**,
   die Geiselnahmen
   = die Gefangennahme
der **Geist**, die Geister
   = das Gespenst,
   der Verstand
der **Geiz|hals**, die Geizhälse
   = ein geiziger Mensch
   gei|zig = übertrieben
   sparsam
sie hat **ge|kannt** → kennen
er hat **ge|klun|gen** → klingen
sie hat **ge|konnt** → können
   ge|lähmt sein
   = nicht gehen können
es **ge|lang** → gelingen

sie hat **ge|las|sen** → lassen
   ge|launt = aufgelegt
   gelb = eine Farbe;
   ➤ gelb wie eine Zitrone
das **Geld**, die Gel|der
   = Münzen und Banknoten,
   das Kapital
die **Geld|bör|se**, die
   Geldbörsen
   = die Brieftasche
sie ist **ge|le|gen** → liegen
die **Ge|le|gen|heit**,
   die Gelegenheiten
   = die Möglichkeit
ge|le|gent|lich = manchmal
er hat **ge|lie|hen** → leihen
   ge|lin|gen, es gelingt, es
   gelang, es ist gelungen
   = das Ziel erreichen,
   zu Stande bringen
er hat **ge|lit|ten** → leiden
   ge|lockt = mit Locken
die **Gel|se**, die Gelsen
   = die Stechmücke
   gel|ten, du giltst, er galt,
   sie hat gegolten = gültig
   sein, angesehen sein
es ist **ge|lun|gen** → gelingen
das **Ge|mäl|de**, die Gemälde
   = das Bild
der ~~Gemboi~~ → Gameboy

G g

108

ge|mein = falsch, hinterhältig

die **Ge|mein|de**,
die Gemeinden = der Ort,
die Stadt

ge|mein|sam
= zusammen, vereint

die **Ge|mein|schaft**,
die Gemeinschaften
= das Bündnis, die Einheit

sie hat **ge|mie|den** → meiden

er hat **ge|mocht** → mögen

das **Ge|mü|se** = pflanzliche
Nahrung, das Grünzeug

ge|müt|lich = angenehm,
behaglich

er hat **ge|nannt** → nennen

ge|nau = exakt, ordentlich

die **Ge|nau|ig|keit**,
die Genauigkeiten
= die Ordentlichkeit

ge|nau|so = ebenso, auch

ge|neh|mi|gen,
du genehmigst = erlauben,
gönnen

ge|nie|ßen, du genießt, er
genoss, sie hat genossen
= zu schätzen wissen,
sich freuen, schwelgen

der **Ge|ni|tiv**, die Genitive
= der zweite Fall,
der Wesfall

sie hat **ge|nom|men**
→ nehmen

sie **ge|noss** → genießen

ge|nug = genügend,
ausreichend

ge|nü|gend = ausreichend,
genug

das **Ge|nü|gend**
= die Schulnote 4

der **Ge|nuss**, die Genüsse
= das Vergnügen,
das Genießen

das **Ge|päck** = ein Koffer,
eine Tasche

das ~~Gepäck~~ → Gebäck

sie hat **ge|pfif|fen** → pfeifen

ge|ra|de = eben,
nicht gebogen

ge|ra|de|aus
= immer
in eine
Richtung

er ist **ge|rannt** → rennen

das **Ge|rät**, die Geräte
= der Apparat

ge|ra|ten, du gerätst,
er geriet, sie ist geraten
= gelingen, gelangen,
kommen

das **Ge|räusch**, die Geräusche
= ein Ton, ein Laut

G g

ge|recht = unparteiisch, fair

die **Ge|rech|tig|keit**, die Gerechtigkeiten = die Fairness

das **Ge|richt**, die Gerichte = das Essen, der Gerichtshof

ge|ring = wenig, klein

sie hat **ge|ris|sen** → reißen

die **Germ** = die Hefe

gern[e] ➤ gern, lieber, am liebsten; = mit Vergnügen

gern haben, du hast gern = lieben, mögen

die **Gers|te** = ein Getreide

der **Ge|ruch**, die Gerüche = ein Duft, ein Gestank

das **Ge|rücht**, die Gerüchte = eine Halbwahrheit, der Klatsch

das **Ge|rüm|pel** = unnützes Zeug

das **Ge|rüst**, die Gerüste ➤ das Baugerüst

ge|samt = insgesamt, alle

der **Ge|sang**, die Gesänge = das Singen, das Lied

das **Ge|säß**, die Gesäße = der Po(po), der Hintern

das **Ge|schäft**, die Geschäfte = der Laden, die Firma, der Handel

ge|sche|hen, es geschieht, es geschah, es ist geschehen = passieren

ge|scheit = klug, clever, intelligent

das **Ge|schenk**, die Geschenke = die Gabe

die **Ge|schich|te**, die Geschichten = eine Erzählung, ein Märchen

ge|schickt = beweglich, schlau

er ist **ge|schie|den** → scheiden

sie hat **ge|schie|nen** → scheinen

das **Ge|schirr** = ein Teller, ein Topf

der **Ge|schirr|spü|ler**, die Geschirrspüler = die Maschine, die das Geschirr wäscht

das **Ge|schlecht**, die Geschlechter = das weibliche und das männliche Geschlecht

G g

er ist **ge|schli|chen**
→ schleichen
sie hat **ge|schlos|sen**
→ schließen
der **Ge|schmack**,
die Geschmäcker
= das Aroma, das Gefallen
sie hat **ge|schmis|sen**
→ schmeißen
sie hat **ge|schnit|ten**
→ schneiden
sie hat **ge|scho|ben**
→ schieben
das **Ge|schoß**, die Geschoße
= der Stock, die Etage
sie hat **ge|schos|sen**
→ schießen
das **Ge|schrei** = das Schreien,
der Lärm
sie hat **ge|schrie|ben**
→ schreiben
sie hat **ge|schrien** → schreien
das **Ge|schwätz**
= die Tratscherei
er hat **ge|schwie|gen**
→ schweigen
ge|schwind = schnell,
rasch
die **Ge|schwin|dig|keit**,
die Geschwindigkeiten
= das Tempo,

die Schnelligkeit
die **Ge|schwis|ter** = die
Brüder, die Schwestern
sie ist **ge|schwom|men**
→ schwimmen
die **Ge|sell|schaft**,
die Gesellschaften
= alle Menschen,
das Zusammensein
das **Ge|setz**, die Gesetze
= das Recht, die Regel
das **Ge|sicht**, die Gesichter
er hat **ge|sof|fen** → saufen
das **Ge|spenst**, die Gespenster
= der Geist
ge|spens|tisch
= unheimlich, geisterhaft
sie hat **ge|spien** → speien
das **Ge|spräch**, die Gespräche
= die Unterhaltung
ge|stal|ten, du gestaltest
= formen
sie ist **ge|stan|den** → stehen
das **Ge|ständ|nis**,
die Geständnisse
= die Beichte
der **Ge|stank**
= ein übler
Geruch
ges|tern
= am vorherigen Tag

111

G g

sie hat **ge|sto|chen** → stechen

sie hat **ge|sto|hlen** → stehlen

sie hat **ge|sto|ßen** → stoßen

er ist **ge|stor|ben** → sterben

sie hat **ge|stri|chen**
→ streichen

es hat **ge|stun|ken** → stinken

ge|sund, gesünder,
am gesündesten = nicht
krank, unverletzt, sauber

die **Ge|sund|heit**
= das Wohlbefinden,
die Fitness

sie hat **ge|sun|gen** → singen

es ist **ge|sun|ken** → sinken
➤ Das Schiff sinkt.

er hat **ge|tan** → tun

das **Ge|tränk**,
die Getränke
= Wasser,
Saft, Wein

das **Ge|trei|de**
= der Weizen,
der Hafer, der Roggen

er hat **ge|trof|fen** → treffen

er hat **ge|trun|ken** → trinken

die **Ge|walt**, die Gewalten
= der Zwang, die Wucht

ge|wal|tig = mächtig, groß

das **Ge|wand**, die Gewänder
= die Kleidung

das **Ge|wäs|ser**, die Gewässer
= ein Fluss, ein See

das **Ge|wehr**, die Gewehre
= eine Waffe

das **Ge|weih**, die Geweihe
= die Hörner

er ist **ge|we|sen** → sein

das **Ge|wicht**, die Gewichte
= die Last, die Schwere

der **Ge|winn**, die Gewinne
= der Preis, der Ertrag

ge|win|nen, du gewinnst, er
gewann, sie hat
gewonnen = siegen

das **Ge|wis|sen**, die Gewissen
= das Gefühl für
Verantwortung

die **Ge|wiss|heit**,
die Gewissheiten
= die Sicherheit

das **Ge|wit|ter**,
die Gewitter
= Blitz und
Donner

sich **ge|wöh|nen**, du gewöhnst
dich = sich anpassen

die **Ge|wohn|heit**,
die Gewohnheiten
= der Brauch

ge|wöhn|lich = alltäglich,
normal

G g

sie hat **ge|won|nen**
→ gewinnen
er hat **ge|wun|ken** → winken
das **Ge|würz**, die Gewürze
= das Salz, der Pfeffer,
der Zimt
sie hat **ge|zo|gen** → ziehen

gi

sie **gibt** → geben
die **Gier** = das Verlangen
gie|rig = unersättlich, eilig
gie|ßen,
du gießt,
er goss,
sie hat
gegossen
= Wasser
geben, schütten
das **Gift**, die Gifte
➤ das Schlangengift
gif|tig = schadet der
Gesundheit, macht krank
er **ging** → gehen
der **Gip|fel**, die Gipfel
= die Spitze
der **Gips** ➤ der Gipsfuß
die **Gi|raf|fe**, die Giraffen
= ein Säugetier mit langem
Hals
die **Gi|tar|re**, die Gitarren
= ein Musikinstrument

das **Git|ter**, die Gitter
➤ das Fliegengitter

gl

glän|zen, du glänzt
= leuchten, funkeln
das **Glas**, die Gläser
➤ das Wasserglas,
das Fensterglas,
die Augengläser
glatt,
glatter
[glätter],
am glattesten
= rutschig, eben
die **Glat|ze**, die Glatzen
= der Kahlkopf
der **Glau|be**[n] = die Religion
glau|ben, du glaubst
= vertrauen, meinen,
denken
gläu|big = religiös
gleich = sofort,
gleichgültig, egal
das **Gleich|ge|wicht**
= die Ausgewogenheit
gleich|gül|tig
= teilnahmslos, egal, träge
gleich|zei|tig
= zur selben Zeit
das **Gleis**, die Gleise
= die Schienen

113

G g

der **Glet|scher**, die Gletscher
= das Eis auf einem Berg

das **Glied**, die Glieder
= der Bestandteil,
der Penis

der **Glo|bus**, die Globusse
[Globen] = die Erdkugel

die **Glo|cke**, die Glocken
= die Klingel,
die Kirchenglocke

das **Glück** = ein günstiger
Zufall, die Freude

glück|lich = freudig,
erfolgreich

der **Glück|wunsch**,
die Glückwünsche
= die Gratulation

glü|hen,
du glühst
= heiß sein,
brennen

go

das **Gold** = ein Edelmetall

die **Gold|me|dail|le**,
die Goldmedaillen
= der erste Platz

gön|nen, du gönnst
= zugestehen

der **Go|ril|la**, die Gorillas
= ein sehr großer Affe

er **goss** → gießen

der **Gott**, die Götter ➤ Gott sei
Dank = zum Glück

gr

das **Grab**, die Gräber
= die Beerdingunsstätte

gra|ben,
du gräbst,
er grub,
sie hat gegraben
= ausheben, schaufeln

der **Grad**, die Grade
➤ Grad Celsius (°C)
= eine Temperatureinheit

das **Gramm**, die Gramme (g)
= eine Gewichtseinheit

die **Gram|ma|tik**,
die Grammatiken
= die Lehre von den
Sprachregeln

die **Gram|mel**, die Grammeln
= die braunen, festen Teile
im Schweineschmalz

gran|tig = schlecht gelaunt

das **Gras**, die Gräser
= eine Rasenpflanze;
➤ die Grashalme

gräss|lich = abscheulich,
hässlich

der **Grat**, die Grate
= der Bergrücken

der ~~Grat~~ → Grad

114

G g

gra|tis = kostenlos

die **Gra|tu|la|tion**,
die Gratulationen
= der Glückwunsch

gra|tu|lie|ren, du gratu-
lierst = beglückwünschen

grau = eine Farbe;
➤ grau wie Asche

grau|sam = brutal, herzlos

grau|sen,
es graust mir
= sich ekeln

graus|lich
= ek(e)lig

Graz = dieHauptstadt
der Steiermark

grei|fen, du greifst, er griff,
sie hat gegriffen = fassen,
nehmen

der **Greiß|ler**, die **Greiß|le|rin**,
die Greisler innen = der
Kaufmann, die Kauffrau in
einem kleinen Geschäft

grell = schrill, stechend

die **Gren|ze**, die Grenzen
= die Trennlinie zwischen
Staaten

Grie|chen|land
= ein EU-Land

der **Grieß** = ein speziell
gemahlener Weizen

sie **griff** → greifen

der **Griff**, die Griffe
➤ der Türgriff

gril|len,
du grillst
= braten

die **Gri|mas|se**,
die Grimassen
= das verzerrte Gesicht

grin|sen, du grinst
= schelmisch lächeln

die **Grip|pe** = eine Krankheit

grob, gröber, am gröbsten
= derb, brutal, schlimm

groß, größer, am größten
= riesig, stark, bedeutend

*Du schreibst groß: für **Groß**
und Klein, im **Großen** und
Ganzen, etwas **Großes**.
Du schreibst klein:
die **großen** Ferien,
ein **großes** Eis.*

groß|ar|tig = hervorragend

Groß|bri|tan|ni|en
= ein EU-Land

die **Grö|ße**, die Größen
➤ die Schuhgröße

die **Groß|el|tern** = Oma und
Opa

der **Groß|glock|ner** = der
höchste Berg Österreichs

G g

die **Groß|mut|ter**,
die Großmütter = die Oma
der **Groß|va|ter**, die Großväter
= der Opa
er **grub** → graben
die **Gru|be**,
die Gruben
= ein Loch
in der Erde
grü|beln,
du grübelst = nachdenken
grün = eine Farbe;
➤ grün wie frisches Gras
der **Grund**, die Gründe
= die Ursache, der Boden
gründ|lich = genau,
intensiv
grun|zen, du grunzt
➤ Das Schwein grunzt.
die **Grup|pe**, die Gruppen
= die Runde,
die Gemeinschaft
der **Gruß**, die Grüße
➤ GutenTag! Servus!
grü|ßen, du grüßt
= guten Tag sagen
gu/gü
der **Gu|gel|hupf**,
die Gugelhupfe
= ein runder
Kuchen

der **Gum|mi**, die Gummi(s)
➤ der Kaugummi
güns|tig = preiswert, billig
gur|geln, du gurgelst
= den Mund ausspülen
die **Gur|ke**, die Gurken
= ein Gemüse
der **Gurt**, die Gurte
= ein Riemen zum An-
oder Umschnallen
der **Gür|tel**, die Gürtel
➤ der Ledergürtel
gut, gut, besser,
am besten = fein, nett,
richtig
das **Gut** = die Schulnote 2,
der Bauernhof, der Besitz
gü|tig = herzlich, gut
gy
das **Gym|na|si|um**,
die Gymnasien
= die AHS = die allgemein
bildende höhere Schule
die **Gym|nas|tik**
= die Turnübungen

G g

116

Hh

ha

das **Haar**, die Haare

　　ha|ben, du hast, er hat,
　　sie hat gehabt
　　= besitzen, gehören
　　hab|gie|rig
　　= gewinnsüchtig
die **Ha|cke**, die Hacken
　　= das Beil, die Axt
　　ha|cken, du hackst
　　= zerkleinern
der **Ha|fen**, die Häfen = der
　　Anlegeplatz für Schiffe
der **Ha|fer** = ein Getreide
das **Hä|ferl**, die Häferln
　　= eine große Tasse
die **Haft** = die Gefangenschaft
der **Häft|ling**, die Häftlinge
　　= der/die Gefangene
die **Ha|ge|but|te**,
　　die Hagebutten
　　➤ der Hagebuttentee
der **Ha|gel** = ein Regen aus
　　Eiskörnern
der **Hahn**, die Hähne
　　= das männliche Huhn
der **Hai**, die Haie
　　= ein
　　Raubfisch

　　hä|keln, du häkelst
　　= handarbeiten
der **Ha|ken**, die Haken
　　➤ der Kleiderhaken,
　　der Angelhaken
　　halb = zur Hälfte,
　　unvollständig
　　hal|bie|ren, du halbierst
　　= in die Hälfte teilen
er　**half** → helfen
die **Hälf|te**, die Hälften
　　= der halbe Teil
die **Hal|le**, die Hallen
　　= ein sehr großer Raum
　　hal|lo = servus, grüß dich
der **Hals**, die Hälse
　　➤ die Halsschmerzen
das **Hals|band**, die Halsbänder
　　➤ das Hundehalsband
　　halt|bar = beständig,
　　robust
　　hal|ten, du hältst, er hielt,
　　sie hat gehalten
　　= anfassen, ergreifen,
　　bewahren
die **Hal|tung**, die Haltungen
　　= die Stellung des Körpers
der **Ham|mer**, die Hämmer
　　= ein Werkzeug
der **Hams|ter**, die Hamster
　　= ein Nagetier

117

Hh

die **Hand**, die Hände ➤ Hand
 in Hand gehen
die **Hand|ar|beit**,
 die Handarbeiten
 = etwas von Hand
 Gemachtes
 han|deln, du handelst
 = tätig sein, verkaufen
der **Händ|ler**, die **Händ|le|rin**
 die Händlerinnen
 = der/die Verkäuferin
der **Hand|schuh**,
 die Handschuhe
 = eine Bekleidung
 für die Hände
das **Hand|tuch**,
 die Handtücher
 = das Tuch zum
 Abtrocknen der Hände
der **Hand|wer|ker**,
 die **Hand|wer|ke|rin**,
 die Handwerkerinnen
 = z. B. eine Tischlerin
das **Han|dy**, die Handys
 = das Mobiltelefon
der **Hang**, die Hänge
 = eine steile Wiese
 hän|gen (1), du hängst,
 er hängte, sie hat gehängt
 ➤ Sie hängte die Jacke an
 den Haken.

hän|gen (2),
 du hängst,
 er hing,
 sie ist
 gehangen
 ➤ Das Bild hing schief.
 hän|seln, du hänselst
 = sich lustig machen,
 ärgern
 hap|py = glücklich
das **Hap|py|end**
 = das gute Ende
 hart, härter, am härtesten
 = fest, stark
der **Ha|se**, die Hasen
 ➤ der Feldhase
die **Hau|be**, die Hauben
 = die Mütze
 hau|en, du haust
 = schlagen, prügeln
der **Hau|fen**, die Haufen
 = die Menge
die **Haupt|sa|che**
 = das Wichtigste
das **Haus**, die Häuser
 = das Gebäude
die **Haus|auf|ga|be**,
 die Hausaufgaben
 = die Hausübung
die **Haut**, die Häute
 ➤ die Gänsehaut

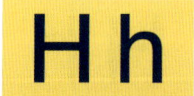

118

he

he|ben, du hebst, er hob,
sie hat gehoben = in die
Höhe bewegen

der **Hecht**, die Hechte
= ein Raubfisch

die **He|cke**, die Hecken = eine
Reihe von Sträuchern
als Begrenzung

das **Heer**, die Heere
= die Armee

die **He|fe** = die Germ

das **Heft**, die Hefte
➤ das Aufsatzheft

hef|tig = stark, kräftig

der **Hei** → Hai

die **Hei|del|bee|re**,
die Heidelbeeren
= eine Frucht

hei|kel = wählerisch

hei|len, du heilst
= gesund machen,
gesund werden

hei|lig = göttlich, himmlisch

das **Heim**, die Heime
➤ das Altersheim

die **Hei|mat**
= das Herkunftsland

heim|kom|men, du
kommst heim → kommen;
= zurückkehren

heim|lich = im Stillen,
unbemerkt

das **Heim|weh** = die Sehnsucht
nach Zuhause

die **Hei|rat**, die Heiraten
= die Hochzeit

hei|ra|ten, du heiratest
= Hochzeit feiern

heiß = sehr warm,
sommerlich, gefährlich

hei|ßen, du heißt, er hieß,
sie hat geheißen
= bedeuten, lauten, sich
nennen

hei|ser = fast stimmlos,
mit rauer Stimme

hei|zen, du heizt
= die Heizung anstellen

der **Held**, die **Hel|din**,
die Helden, die Heldinnen
= die Hauptperson,
ein sehr mutiger Mensch

hel|fen, du hilfst, er half,
sie hat geholfen
= unterstützen, nützen

hell = licht, klar

hell|blau
= eine Farbe

der **Helm**,
die Helme
= ein Kopfschutz

Hh

das **Hemd**, die Hemden
= ein Kleidungsstück

das ~~Hendi~~ → Handy

der **Hengst**, die Hengste
= das männliche Pferd

der **Hen|kel**, die Henkel
= der Griff

die **Hen|ne**,
die Hennen
= das weibliche
Huhn

~~hepi~~ → happy

das ~~hepi End~~ → Happyend

her = von einem anderen
Ort zu dir

> *Mit **her-** kannst du Wörter*
> *bauen: **her|kommen**,*
> ***Her|stellung**,*
> ***her|vorragend**.*
> *Wenn du ein Wort unter*
> ***her-** nicht findest, dann*
> *mache Folgendes: Suchst*
> *du **her|geben**, schau bei*
> ***geben** nach!*

he|r|ab = herunter, abwärts

he|r|auf = aufwärts, empor

he|r|aus = von innen nach
außen

der **Herbst** = eine Jahreszeit

der **Herd**, die Herde
➤ der Elektroherd

die **Her|de**, die Herden
= eine Gruppe von Tieren

he|r|ein = von außen nach
innen

her|kom|men, du kommst
her → kommen; = stammen

der **Herr**, die **Her|rin**,
die Herren, die Herrinnen
= der/die Gebieterin, Gott

~~herraus~~ → heraus

~~herrein~~ → herein

herr|lich = hervorragend,
sehr gut

herr|schen, du herrscht
= regieren

her|stel|len, du stellst her
= erzeugen

he|r|um = in einer Richtung
im Kreis, ringsum

he|r|um|lau|fen, du läufst
herum → laufen; = hin und
her laufen, toben

he|r|unter = abwärts,
nach unten

her|vor|ra|gend = sehr gut

das **Herz**, die Herzen
= ein Körperorgan

herz|lich = sehr freundlich,
nett

het|zen, du hetzt
= eilen, verfolgen

H h

das **Heu** = getrocknetes Gras

    heu|er = in diesem Jahr

    heu|len, du heulst = stark
weinen

    heu|rig = diesjährig

die **Heu|schre|cke**,
die Heuschrecken
= ein Insekt

    heu|te
= der heutige Tag

*Nach **heute** schreibst du
die Tageszeiten groß:
heute Morgen, **heute
Mittag**, **heute Abend**.*

die **He|xe**, die Hexen
= eine Märchenfigur

hi

    hie und da = manchmal

er   **hielt** → halten

    hier = da

    hier|her = an diesen Ort

die **Hi|e|ro|gly|phe**,
die Hieroglyphen
= die Zeichen der alten
ägyptischen Bilderschrift

sie **hieß** → heißen

die **Hil|fe**, die Hilfen
= die Unterstützung,
die Förderung

die **Him|bee|re**, die Himbeeren
= eine Frucht

der **Him|mel**, die Himmel
= der Raum über der Erde,
das Reich Gottes

    hin = von hier weg

*Mit **hin-** kannst du Wörter
bauen: **hin|fallen**,
Hin|weis, **hin|über**.
Wenn du ein Wort unter
hin- nicht findest, dann
mache Folgendes: Suchst
du **hin|geben**, schau bei
geben nach!*

    hi|n|ab = abwärts, von hier
weg nach unten

    hi|n|auf = nach oben

    hi|n|aus = nach draußen

das **Hin|der|nis**,
die Hindernisse
= die Hürde, das Problem

    hi|n|ein = nach drinnen

    hin|fal|len, du fällst hin
→ fallen; = stürzen,
niederfallen

er   **hing** → hängen (2)

    hin|ken, du hinkst
= humpeln

    hin|ten = nicht vorne

    hin|ter = anschließend,
nach

    hin|ter|ei|n|an|der = eine
Person nach der anderen

der **Hin|ter|grund**,
  die Hintergründe = der
  hintere Bereich, der Grund
  hin|ter|her = danach, nach
  hin|ter|lis|tig
  = heimtückisch, raffiniert
der **Hin|tern**, die Hintern
  = der Po(po)
  hi|n|ü|ber ➤ zum Nachbarn
  hinübergehen
  hi|n|un|ter = von oben nach
  unten
das **Hirn**, die Hirne
  = das Gehirn, der Verstand
der **Hirsch**, die Hirsche
  = das Wild
der **Hirt[e]**, die **Hirtin**,
  die Hirten, die Hirtinnen
  = der/die Hüterin einer
  Herde
der **Hit**, die Hits = ein viel
  gespieltes Lied
die **Hit|ze**, die Hitzen
  = starke Wärme
ho|hö
er **hob** → heben
das **Hob|by**, die Hobbys
  = die Freizeitbeschäftigung
  hoch, höher, am höchsten
  = in die Höhe, riesig
  hoch|ach|tungs|voll

= mit den besten
  Empfehlungen
höchs|tens
= äußerstenfalls
die **Hoch|zeit**, die Hochzeiten
= die Heirat
der **Hof**, die Höfe = der Platz
  hinter dem Haus,
  der Bauernhof
  hof|fen, du hoffst
  = wünschen, erwarten
  hof|fent|lich = vermutlich,
  es ist nicht sicher
die **Hoff|nung**, die Hoffnungen
  = die Zuversicht,
  das Vertrauen
  höf|lich = zuvorkommend,
  freundlich
die **Höf|lich|keit**
  = die Aufmerksamkeit,
  die Hilfsbereitschaft
die **Hö|he**, die Höhen
  = die Größe, der Berg,
  die Ausdehnung,
  hohl = leer, ohne Inhalt
die **Höh|le**, die Höhlen
  = ein Hohlraum
  in einem Berg,
  einem Stamm ö. Ä
der **Ho|kus|po|kus**
  = eine Zauberei

H h

ho|len, du holst
= herbringen, besorgen
herbeirufen

Hol|land = (ein Teil der)
Niederlande = ein EU-Land

die **Höl|le**, die Höllen
= das Fegefeuer,
die Unterwelt

der **Hol|ler** = der Holunder,
eine Pflanze

der **Ho|lun|der** = der Holler,
eine Pflanze

das **Holz**, die Höl|zer

ho|mo|se|xu|ell = die Liebe
zum gleichen Geschlecht

der **Ho|nig** = von Bienen
gesammelter Blütennektar

hop|pla = Verzeihung!
Vorsicht!

hor|chen, du horchst
= zuhören, lauschen

hö|ren,
du hörst
= folgen,
lauschen,
vernehmen

das **Ho|ro|s|kop**, die Horoskope
= eine Vorhersage der
Zukunft

der **Hort**, die Horte
= das Tagesheim

die **Ho|se**, die Hosen
= eine Bekleidung
für die Beine

das **Ho|tel**, die Hotels
= eine Unterkunft

hu/hü

hübsch = schön, nett

der **Hub|schrau|ber**,
die Hubschrauber
= der Heli-
kopter

hu|cke|pack
= auf dem Rücken

die **Hüf|te**, die Hüften
= ein Körperteil

der **Hü|gel**, die Hügel
= ein kleiner Berg

hü|ge|lig [**hüg|lig**]
= leicht bergig

das **Huhn**, die Hühner
= der Hahn, die Henne
und die Kücken

die **Hum|mel**, die Hummeln
= ein Insekt

der **Hu|mor** = der Witz,
die Lustigkeit

hu|mor|voll = witzig,
lustig, spaßig

der **Hund**, die Hunde
= ein Haustier

123

H h

hun|dert = die Zahl 100

> *Du schreibst klein:* **hundert**
> **(einhundert)** *Euro,*
> **hundertmal,**
> **hundertprozentig.**
> *Du schreibst klein oder*
> *groß: Einige* **hundert**
> **(Hundert)** *Vögel,* **hunderte**
> **(Hunderte)** *von Vögeln.*

der **Hun|ger** = der Appetit
hun|gern, du hungerst
= Hunger leiden
hung|rig sein, du bist
hungrig = Hunger haben,
nichts zu essen haben

die **Hu|pe**, die Hupen
= der Warnton des Autos
hüp|fen, du hüpfst
= springen

die **Hür|de**, die Hürden
= das Hindernis,
die Barriere
hur|ra ➤ hurra schreien
= sich freuen

der **Hus|ten** = eine Krankheit

der **Hut**, die Hüte
= eine Kopfbedeckung
hut|schen, du hutschst
= schaukeln

die **Hüt|te**, die Hütten
= ein kleines Haus

hy

der **Hy|drant**, die Hydranten
= die Wasserzapfstelle

die **Hy|gie|ne** = die Sauberkeit
hy|gie|nisch = sauber
hys|te|risch
= leicht aufzuregen

I i

ic

ich ➤ Ich bin dein
Wörterbuch.

id

ide|al = wundervoll,
vollkommen

die **Idee**, die Ideen
= der Einfall

der **Idi|ot**, die **I|di|o|tin**,
die Idioten, die Idiotinnen
= der Blödmann,
die Blödfrau

ig

der **Igel**, die Igel
= ein Säugetier
mit Stacheln

der **Ig|lu**,
die Iglus
= die Schneehütte
der Eskimos

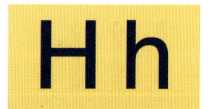

H h

ih

ihm ➤ mit ihm spielen

ihn ➤ auf ihn warten

ih|nen ➤ von ihnen lernen

ihr ➤ ihr Freund sein

ih|rem ➤ ihrem Vater helfen

ih|ren ➤ ihren Vater treffen

il

die **Il|lus|t|rier|te**, die Illustrierten = eine bunte Zeitschrift

im

im = in dem; ➤ im Haus spielen

der **Im|biss**, die Imbisse = eine Zwischenmahlzeit

der **Im|ker**, die **Im|ke|rin** die Imkerinnen = der/die Bienenzüchterin

im|mer = zu jedem Zeitpunkt, stets

Imp|fen, du impfst = Krankheiten vorbeugen

im|po|nie|ren, du imponierst = beeindrucken

im|stan|de [**im Stan|de**] **sein**, du bist imstande → sein; = fähig sein

in

in ➤ in die Schule gehen

in|dem = dadurch, dass

in|des|sen = inzwischen

der **In|di|a|ner**, die **In|di|a|ne|rin** = der/die Ureinwohnerin Amerikas

die **In|dus|t|rie**, die Industrien = die Massenproduktion

in|ei|n|an|der ➤ ineinander stecken

die **In|fek|ti|on**, die Infektionen = die Ansteckung, die Übertragung

der **In|fi|ni|tiv**, die Infinitive = die Nennform, z. B. gehen

die **In|for|ma|ti|on**, die Informationen = die Auskunft, die Nachricht

in|for|mie|ren, du informierst = mitteilen

der **In|ge|ni|eur**, die **In|ge|ni|eu|rin**, die Ingenieure, die Ingenieurinnen (Ing.) = eine Technikerin

I i

der **In|halt**, die Inhalte
= die Bedeutung,
die Handlung

das **In|land** = die Heimat

der **In|line|skate**,
die Inlineskates
= der Rollschuh,
der Rollerblade

in|nen = nicht außen

in|ner|halb
= nicht außerhalb

in|ner|lich = nicht äußerlich

Inns|bruck = die
Hauptstadt von Tirol

ins = in das;
➤ ins Zimmer gehen

die **In|schrift**, die Inschriften
= eine Beschriftung,
eine Mitteilung

das **In|sekt**, die Insekten
= ein kleines Tier mit sechs
Beinen

die **In|sel**, die Inseln = ein
Land umgeben von Wasser

ins|ge|samt = alle(s)
zusammen

der **In|s|pek|tor**,
die **In|s|pek|to|rin**,
die Inspektoren
die Inspektorinnen
= der/die Prüferin

der **In|stal|la|teur**,
die **In|stal|la|teu|rin**,
die Installateure,
die Installateurinnen
= Er/Sie verlegt und
repariert Wasser- und
Gasleitungen.

der **In|s|tinkt**, die Instinkte
= das Gespür, das Gefühl

das **In|s|tru|ment**,
die Instrumente
= ein Musikinstrument,
ein Gerät

die **In|te|g|ra|tion**
= die Eingliederung
in eine Gruppe

die **In|te|g|ra|tions|klas|se**,
die Integrationsklassen
= eine Klasse für Kinder
mit besonderen
Bedürfnissen

sich **in|te|g|rie|ren**, du integrierst
dich = sich eingliedern

in|tel|li|gent = gescheit,
klug

die **In|tel|li|genz** = die Klugheit

in|ter|es|sant = von
Interesse, spannend

das **In|te|r|es|se**, die Interessen
= die Neugier,
die Zuneigung

I i

126

sich **in|te|res|sie|ren**, du
interessierst dich
= Interesse zeigen
das **In|ter|nat**, die Internate
= das Schülerwohnheim
in|ter|na|ti|on|al = weltweit
das **In|ter|net** = ein
weltweites Computernetz
das **In|ter|view**,
die Interviews
= die
Befragung
~~in|tre|sant~~ → interessant
in|zwi|schen = in der
Zwischenzeit, mittlerweile

ir

ir|gend|ein ➤ irgendein
Lied summen
ir|gend|et|was
➤ irgendetwas essen
ir|gend|wie ➤ irgendwie
den Ausweis verlieren
ir|gend|wo ➤ irgendwo
den Ausweis finden
der **Ir|re**, die **Ir|re**,
= der/die Verrückte
ir|ren, du irrst = den Weg
suchen ➤ herumirren
sich **ir|ren**, du irrst dich
= sich täuschen,
verwechseln

der **Irr|tum**, die Irrtümer
= ein Fehler

is

~~ist~~ → easy
der **Is|lam** = die muslimische
Religion
er **isst** → essen
er **ist** → sein

it

Ita|li|en = ein EU-
und Nachbarland

iw

der ~~Iwent~~ → Event

J j

ja/jä

ja [Ja] **sagen**, du sagst ja
= bejahen
die **Ja|cke**, die Jacken
= ein Kleidungsstück
ja|gen, du jagst
= verfolgen, hetzen
der **Jä|ger**, die **Jä|ge|rin**,
die Jägerinnen
= der Weidmann,
die Weidfrau
der **Ja|gu|ar**, die Jaguare
= eine Raubkatze
das **Jahr**, die Jahre
= die zwölf Monate

J j

die **Jah|res|zeit**,
  die Jahreszeiten
  = Frühling, Sommer,
  Herbst und Winter
das **Jahr|hun|dert**,
  die Jahrhunderte
  (Jh.) ➤ Wir leben im
  21. Jahrhundert.
  jähr|lich = jedes Jahr
  jäh|zor|nig = schnell
  erregbar, wütend
die **Ja|lou|sie**, die Jalousien
  = die Rollläden
  jam|mern,
  du jammerst
  = sich
  beklagen,
  weinen

der **Jän|ner** = der Januar,
  der erste Monat
  Ja|pan = ein Inselstaat
   in Asien
  jä|ten, du jätest = Unkraut
  ausreißen
die **Jau|che**, die Jauchen
  = der Mist zum Düngen
  der Felder
  jauch|zen, du jauchzt
  = jubeln
  jau|len, du jaulst
  = bellen, klagen, heulen

die **Jau|se**, die Jausen
  = eine Zwischenmahlzeit
  jaus|nen [**jau|sen**],
  du jausnest
  = eine Jause essen
  ja|wohl = ja

je

  je = jemals, jeweils, pro
die **Jeans** [**Jean**] = eine Hose
  aus festem Baumwollstoff
  je|de ➤ jede Person = alle
  je|den|falls = auf jeden
  Fall
  je|der|mann = jede
  Person, alle
  je|doch = aber
der **Jeep**, die Jeeps
  = das Geländeauto
  je|mals = irgendwann
  je|mand = irgendeine
  Person
  je|ne = die dort, solche
  jen|seits = auf der anderen
  Seite
  Je|sus = der Sohn Gottes
  im christlichen Glauben
  jetzt = momentan, gerade
  je|weils = pro, immer

jo

der **Job**, die Jobs
  = die Arbeit, die Aufgabe

J j

128

job|ben, du jobbst
= arbeiten

jo|deln, du jodelst
= eine spezielle Art
des Singens

das **Jo|ga** [**Yo|ga**]
= Körperübungen
zur Entspannung

jog|gen, du joggst = laufen

das **Jo|gurt** [**Jog|hurt**],
die Jogurts
= ein Milchprodukt

die **Jo|han|nis|bee|re**,
die Johannisbeeren
= die Ribisel

der **Jo|ker**, die Joker
= eine Spielkarte

jon|glie|ren, du jonglierst
= Sachen durch die Luft
wirbeln

der **Joy|stick**, die Joysticks
= der Steuerknüppel für
Computerspiele

ju

der **Ju|bel**
= die Freude

ju|beln,
du jubelst
= jauchzen, glücklich sein

das **Ju|bi|lä|um**, die Jubiläen
= der Jahrestag

ju|cken, du juckst
= kratzen, kribbeln

der **Ju|de**, die **Jü|din**,
die Juden, die Jüdinnen
= Menschen jüdischen
Glaubens

jü|disch ➤ der jüdische
Glauben, die jüdische
Kultur und das Brauchtum

das **Ju|do** = eine Sportart

die **Ju|gend** = die jungen
Menschen, ein
Lebensabschnitt

die **Ju|gend|her|ber|ge**,
die Jugendherbergen
= eine Unterkunft
für junge Menschen

ju|gend|lich = jung,
heranwachsend

jung, jünger, am jüngsten
= klein, unerfahren

das **Jun|ge**, die Jungen
= ein Tierbaby

der **Jun|ge**, die Jungen
= der Bub

der **Jung|ge|sel|le**,
die **Jung|ge|sel|lin**,
die Junggesellen
die Junggesellinnen
= ein lediger Mann,
eine ledige Frau

J j

der
das **Juice**, die Juices = der
Obst- oder Gemüsesaft

der **Ju|li** = der siebente Monat

der **Ju|ni** = der sechste Monat

der **Ju|rist**, die **Ju|ris|tin**,
die Juristen, die Juristinnen
= ein Anwalt, eine Anwältin,
eine Richterin

die **Ju|ry**, die Jurys
= das Preisgericht

das **Ju|wel**, die Juwelen
= ein Schmuckstein

der **Ju|we|lier**, die **Ju|we|lie|rin**,
die Juweliere,
die Juwelierinnen
= Er/sie handelt mit
Schmuck.

der **Jux**, die Juxe = der Streich

K k

Wenn du ein Wort bei **K-**
nicht findest, dann schau
bei **C-** und bei **Ch-** nach!

ka/kä

das **Ka|bel**, die Kabel
= eine Stromleitung,
ein Drahtseil

die **Ka|bi|ne**, die Kabinen
= ein kleiner Raum,
ein Abteil

das **Ka|b|rio**
[**Ca|b|rio**],
die Kabrios
= ein Auto mit
aufklappbarem Dach

~~ka|butt~~ → kaputt

die **Ka|chel**, die Kacheln
= die Fliese

der **Kä|fer**, die Käfer
= ein Insekt

der **Kaf|fee**, die Kaffees
= ein Getränk

der **Kä|fig**, die Käfige
= ein vergitterter Raum
für Tiere

kahl = ohne Haare

er   ~~kahm~~ → er kam

der **Kai|ser**, die **Kai|se|rin**,
die Kaiserinnen
= der/die Herrscherin

der **Kai|ser|schmar|ren**,
die Kaiserschmarren
= eine Süßspeise

der **Ka|kao**, die Kakaos
= die Trinkschokolade

der ~~Ka|kau~~ → der Kakao

der **Kak|tus** [die **Kak|tee**],
die Kakteen
= eine Wüstenpflanze

das **Kalb**, die Kälber
= das Junge der Kuh

130

der **Ka|len|der**, die Kalender
= ein Jahresplan
kalk|häl|tig ➤ Das Wasser
enthält Kalk.
die **Ka|lo|rie**, die Kalorien
= die alte Einheit für
Energie
kalt, kälter, am kältesten
= kühl, frisch
die **Käl|te** = die Kühle,
der Frost
er **kam** → kommen
das **Ka|mel**,
die Kamele
= ein
Trampeltier,
ein Dromedar
die **Ka|me|ra**, die Kameras
= der Film- oder
Fotoapparat
der **Ka|me|rad**,
die **Ka|me|ra|din**,
die Kameraden,
die Kameradinnen
= der/die Partnerin
die **Ka|mil|le**, die Kamillen
= eine Heilpflanze
der **Ka|min**, die Kamine
= der Schornstein
sich **käm|men**, du kämmst dich
= sich frisieren

~~**käm|pen**~~ → campen
der **Kampf**, die Kämpfe
= der Streit, der Krieg
kämp|fen, du kämpfst
= streiten, sich schlagen
der **Ka|nal**, die Kanäle
= die Wasserstraße,
der Sendeplatz
der **Ka|na|ri|en|vo|gel**,
die Kanarienvögel
= ein Haustier
der **Kan|di|dat**,
die **Kan|di|da|tin**,
die Kandidaten,
die Kandidatinnen
= der/die Bewerberin
das **Kän|gu|ru**, die Kängurus
= ein Säugetier,
ein Beuteltier
das **Ka|nin|chen**, die
Kaninchen = eine Hasenart
sie **kann** → können
die **Kan|ne**, die Kannen
= der Krug
er **kann|te** → kennen
der **Ka|non**, die Kanons
= ein Lied
die **Ka|no|ne**, die Kanonen
= ein Geschütz
die **Kan|te**, die Kanten
= die Ecke, der Rand

K k

die **Kan|ti|ne**, die Kantinen
= ein Speiseraum

das **Ka|nu**, die Kanus
= ein kleines
Boot

die **Ka|pel|le**, die Kapellen
= eine kleine Kirche

ka|pie|ren, du kapierst
= begreifen, verstehen

der **Ka|pi|tän**,
die **Ka|pi|tä|nin**
[**Frau Ka|pi|tän**]
die Kapitäne,
die Kapitäninnen
= der/die Schiffsführerin

das **Ka|pi|tel**, die Kapitel
= ein Textabschnitt

die **Kap|pe**, die Kappen
= eine Kopfbedeckung

die **Kap|sel**, die Kapseln
= das Gehäuse, die Hülle

ka|putt = defekt, erschöpft

ka|putt|ma|chen,
[**ka|putt ma|chen**],
du machst kaputt
= zerstören

die **Ka|pu|ze**, die Kapuzen
= eine Kopfbedeckung

das **Ka|ra|te** = eine Sportart

der **Kar|fi|ol** = der Blumenkohl

ka|riert = gemustert

die **Ka|ri|es** = die Zahnfäule

der **Kar|ne|val** = der Fasching

Kärn|ten = ein Bundesland

die **Ka|rot|te**, die Karotten
= die Mohrrübe

der **Karp|fen**, die Karpfen
= ein Fisch

die **Kar|rie|re**, die Karrieren
= der Erfolg im Beruf

die **Kar|te**, die Karten
➤ die Landkarte,
die Spielkarte

die **Kar|tof|fel**, die Kartoffeln
= der Erdapfel

der **Kar|ton**, die Kartons
= starkes Papier

der **Kä|se**,
die Käse
= ein
Milchprodukt

die **Ka|ser|ne**, die Kasernen
= ein Gebäude für
Soldaten und Soldatinnen

der **Kas|perl**, die Kasperl
= eine Handpuppe,
ein Spaßvogel

die **Kas|sa** [**Kas|se**],
die Kassen = der Schalter,
die Supermarktkassa

die **Kas|set|te**, die Kassetten
➤ die Videokassette

kas|sie|ren, du kassierst
= einnehmen, einsammeln

die **Kas|ta|nie**, die Kastanien
= ein Laubbaum,
eine Frucht

der **Kas|ten**, die Kästen
= ein Schrank

der **Ka|ta|log**, die Kataloge
= ein Verzeichnis von
Waren

die **Ka|ta|s|tro|phe**,
die Katastrophen
= ein großes Unglück

der **Ka|ter**, die Kater
= die männliche Katze

ka|tho|lisch ➤ der
katholische Glauben

das ~~Kät|schap~~
→ Ketschup

die **Kat|ze**,
die Katzen
= ein
Haustier

das **Kätz|chen**,
die Kätzchen
= ~~eine kleine Katze~~

der ~~Kau|beu~~ → Cowboy

kau|en, du kaust – mit den
Zähnen zerkleinern

kau|fen, du kaufst
= einkaufen, besorgen

der **Kau|gum|mi**,
die Kaugummis
➤ Kaugummi kauen

die **Kaul|quap|pe**,
die Kaulquappen
= das
Junge
der
Frösche

kaum = wenig, fast nicht(s)

ke

keck = vorlaut, ungeniert

der **Ke|gel**, die Kegel
= eine Figur der
Mathematik oder des
Kegelspiels

die **Keh|le**, die Kehlen
= ein Teil des Halses

keh|ren, du kehrst
= fegen, reinigen

der **Keim**, die Keime
= ein Krankheitserreger

kei|men, du keimst
= wachsen, sprießen

kein = nicht ein, niemand

kei|nes|falls = nie(mals)

das
der **Keks**, die Kekse
= ein kleines Gebäck

der **Kel|ler**, die Keller
= der Raum unter dem
Erdgeschoß

Kk

der **Kell|ner**, die **Kell|ne|rin**
   die Kellnerinnen
   = die Bedienung
   ken|nen, du kennst,
   er kannte, sie hat gekannt
   = wissen, sich auskennen
das **Kenn|zei|chen**,
   die Kennzeichen
   = das Merkmal;
   ➤ das Autokennzeichen
der **Kerl**, die Kerle = ein Mann
der **Kern**, die Kerne
   ➤ der Apfelkern
die **Ker|ze**, die Kerzen
   ➤ die Wachskerze
   ker|zen|ge|ra|de
   = ganz gerade
der **Kes|sel**, die Kessel
   ➤ der Wasserkessel
das
der **Ket|schup** [**Ket|chup**],
   die Ketschups
   = die Tomatensoße
die **Ket|te**, die Ketten
   ➤ die Halskette
   keu|chen, du keuchst
   = heftig atmen, schnaufen
das **Key|board**,
   die Keyboards
   = eine kleine,
   elektrische
   Orgel

ki
das ~~Kibord~~ → Keyboard
   ki|chern, du kicherst
   = lachen
   kid|nap|pen, du kidnappst
   = entführen
das
der **Kie|fer**, die Kiefer
   = der Gebissknochen
die **Kie|fer**, die Kiefern
   = ein Nadelbaum
die **Kie|me**, die Kiemen
   = das Atemorgan der
   Fische
der **Kies**, die Kiese
   = die Kieselsteine,
   der Schotter
das **Ki|lo|gramm** [**Ki|lo**],
   die Kilogramme [Kilos] (kg)
   = eine Gewichtseinheit
der **Ki|lo|me|ter**, die Kilometer
   = km = eine Längeneinheit
das **Kind**, die Kinder
   kin|disch = albern,
   lächerlich
das **Kinn**,
   die Kinne
   = der
   unterste
   Teil des Gesichts
das **Ki|no**, die Kinos
   = das Filmtheater

K k

134

der **Ki|osk**, die Kioske
= ein kleiner Laden

das **Kip|fel** [**Kip|ferl**], die Kipfel
= ein sichelförmiges
Gebäck

die **Kir|che**, die Kirchen
= ein Gotteshaus

der **Kirch|tag** [**Kir|tag**, die
Kirch|weih], die Kirchtage
= der Jahrmarkt

die **Kir|sche**, die Kirschen
= eine Frucht

der **Kir|tag**, die Kirtage

das **Kis|sen**, die Kissen
= der/das Polster

die **Kis|te**, die Kisten
= eine Truhe

kit|schig = geschmacklos

kit|zeln, du kitzelst
= liebkosen, kraulen

die **Ki|wi**, die Kiwis
= eine Frucht

kl

kla|gen, du klagst
= jammern,
sich beschweren

Kla|gen|furt
– die Hauptstadt von
Kärnten

die **Klam|mer**, die Klammern
= ( ); ➤ die Büroklammer

die **Kla|mot|ten** = die Kleider

der **Klang**, die Klänge
= der Ton, das Geräusch

es **klang** → klingen

klap|pen, es klappt
= gelingen

klap|pern, du klapperst
= scheppern

klar = sauber, rein,
verständlich

die **Klär|an|la|ge**,
die Kläranlagen
= Die Anlage reinigt
schmutziges Wasser.

klä|ren, du klärst
= verständlich machen,
filtern

die **Kla|ri|net|te**, die Klarinetten
= ein Blasinstrument

klas|se = super,
hervorragend

die **Klas|se**, die Klassen
➤ die Schulklasse

der **Klatsch** = der Tratsch,
das Geschwätz

klat|schen,
du klatsch(s)t
= tratschen,
applaudieren

klau|ben, du klaubst
= aufheben, pflücken

K k

A
B
C
D
E
F
G
H
I
J
K
L
M
N
O
P
Q
R
S
T
U
V
W
X
Y
Z

klau|en, du klaust
= wegnehmen, stehlen

der ~~Klaun~~ → Clown

das **Kla|vier**, die Klaviere
= ein Musikinstrument

kle|ben, du klebst
= picken,
leimen

kleb|rig
= anhaftend

der **Kleb|stoff**, die Klebstoffe
= der Leim, der Kleister

der **Klecks**, die Kleckse
= der Fleck

kleck|sen, du kleckst
= einen Fleck machen,
malen

der **Klee** = eine Pflanze

das **Kleid**, die Kleider

die **Klei|dung**, die Kleidungen
= das Gewand

klein = winzig, jung

Du schreibst klein: Das
*musst du **kleinschreiben**.*
*Sie schreibt sehr **klein**.*
Sie schreibt schon so von
***klein** auf.*
Du schreibst groß: Groß
*und **Klein** sind gekommen.*
*Die **Kleinen** stehen in der*
ersten Reihe.

die **Klei|nig|keit**,
die Kleinigkeiten
= eine Unbedeutsamkeit

klet|tern, du kletterst
= aufsteigen, kraxeln

der **Klett|ver|schluss**,
die Klettverschlüsse
➤ Schuhe mit
Klettverschluss

das **Kli|ma** = das Wetter,
die Temperatur

die **Klin|gel**, die Klingeln
= die Glocke

klin|geln, du klingelst
= läuten

klin|gen, du klingst,
er klang, sie hat geklungen
= ertönen, sich anhören

die **Kli|nik**, die Kliniken = das
Spital, das Krankenhaus

klipp und klar = ganz
klar, unmissverständlich

der **Klips**, die Klipse
= das Spangerl

klir|ren, du klirrst
= klappern

das **Klo**
[**Klo|sett**],
die Klos
= die Toilette,
das WC

K k

der **Klon**, die Klone = eine
   Kopie eines Lebewesen
   klo|nen, du klonst
   = Kopien von Lebewesen
   herstellen
   klop|fen, du klopfst
   = schlagen, hämmern
das **Klos|ter**, die Klöster
   = ein Haus für Mönche oder
   Nonnen
der **Klub** [**Club**], die Klubs
   = eine Vereinigung
   klug, klüger, am klügsten
   = gescheit, schlau,
   intelligent
die **Klug|heit**, die Klugheiten
   = die Schlauheit
der **Klum|pen**, die Klumpen
   = der Brocken, das Stück
die **Klup|pe**, die Kluppen
   = die Wäscheklammer

kn

   knab|bern, du knabberst
   = nagen, naschen
der **Kna|be**, die Knaben
   = der Bub, der Junge
das **Knä|cke|brot**,
   die Knäckebrote
   = eine Brotart
   kna|cken, du knackst
   = öffnen, rascheln

der **Knacks** = der Bruch,
   ➤ einen Knacks haben
   = verrückt sein
der **Knall**, die Knalle
   = der Schuss
   knal|len, du knallst
   = krachen, schießen
   knapp = fast
   knapp = eng, dicht
   knar|ren, du knarrst
   = ächzen, knirschen
   knat|tern, du knatterst
   = knarren,
   krachen
das
der **Knäu|el**,
   die Knäuel
   = das Bündel,
   der Ballen
der **Knecht**, die Knechte
   = der Diener, der Sklave
   knei|fen, du kneifst, er
   kniff, sie hat gekniffen
   = zwicken, sich nicht trauen
die **Knei|pe**, die Kneipen
   = das Gasthaus, das Beisel
   kne|ten, du knetest
   = drücken, vermengen
   kni|cken, du knickst
   = falten, brechen
der **Knicks**, die Knickse
   = eine Verbeugung

K k

das **Knie**, die Knie
= das Beingelenk
kni|en, du kniest
= auf Knien liegen
der **Kniff**, die Kniffe = der Trick
knip|sen, du knipst
= fotografieren
der **Knirps**, die Knirpse
= ein Kind,
ein Regenschirm
knir|schen, du knirscht
= knattern, knarren
knis|tern, du knisterst
= rascheln, knacken
kno|beln, du knobelst
= würfeln
der **Knob|lauch** = ein scharf
schmeckendes Gewürz
der **Knö|chel**, die Knöchel
= ein Teil des Fußes
der **Kno|chen**, die Knochen
➤ Unser Skelett hat 242
Knochen.
der **Knö|del**,
die Knödel
= eine
kugelförmige
Speise aus Teig
der **Knopf**, die Knöpfe
= ein Knoten;
➤ der Hosenknopf

der **Kno|ten**, die Knoten
= der Knopf,
die Verknüpfung
knüp|fen, du knüpfst
= binden,
(zusammen)knoten
der **Knüp|pel**, die Knüppel
= der Stock, das Steuer
knur|ren,
du knurrst
➤ Der Magen
knurrt.
Der Hund
knurrt.
knusp|rig = resch, frisch
ko/kö
k. o. = erschöpft, besiegt
der **Ko|bold**, die Kobolde
= eine kleine
Märchengestalt
der **Koch**, die Köche
= Er bereitet das Essen.
ko|chen, du kochst
= zubereiten, sieden
die **Kö|chin**, die Köchinnen
= Sie bereitet das Essen.
der **Kö|der**, die Köder
= ein Lockmittel
der ~~Köder~~ → Köter
kö|dern, du köderst
= anlocken

138

der **Koffer**, die Koffer
= das Gepäck

der **Kohl** = ein Gemüse

die **Kohle**, die Kohlen = ein
Brennmaterial,
das Geld

der **Kohlrabi**,
die Kohlrabi
= ein Gemüse

der **Koks** = ein Brennmaterial

die **Kolatsche** [**Golatsche**],
die Kolatschen
= eine Mehlspeise

der **Kollege**, die **Kollegin**,
die Kollegen,
die Kolleginnen
= der/die Mitarbeiter innen

die **Kolonne**, die Kolonnen
= eine Reihe

der **Kombi** [**Kombiwagen**],
die Kombis = ein Auto
mit großem Kofferraum

kombinieren,
du kombinierst
= (in Gedanken) mehrere
Sachen zusammenstellen

der ~~Komik~~ → Comic

komisch = seltsam, witzig

das **Komma**, die Kommas
[Kommata] = der Beistrich,
ein Satzzeichen

kommandieren,
du kommandierst
= befehlen

das **Kommando**,
die Kommandos
= der Befehl

kommen, du kommst, er
kam, sie ist gekommen
= besuchen, gelangen

der **Kommentar**,
die Kommentare
= die Bemerkung,
die Erklärung

der **Kommissar**,
die **Kommissarin**,
die Kommissare
die Kommissarinnen
= der Kriminalbeamte,
die Kriminalbeamtin

die **Kommunion**
= das heilige Abendmahl im
Christentum

kommunizieren,
du kommunizierst
= sprechen, reden

der **Kompass**,
die Kompasse
= ein Messgerät
zum Bestimmen der
Himmelsrichtungen

der ~~Kompjuta~~ → Computer

Kk

kom|plett = ganz,
vollzählig

das **Kom|p|li|ment**,
die Komplimente
= die Höflichkeit,
die Schmeichelei

kom|pli|ziert = schwierig,
nicht einfach

der **Kom|post**, die Komposte
= der Dünger

das **Kom|pott**, die Kompotte
= gekochtes Obst

die **Kon|di|to|rei**,
die Konditoreien
= eine Zuckerbäckerei

die **Kon|fe|renz**,
die Konferenzen
= die Tagung, die Beratung

der
die **Kon|fet|ti**
das
= die Papierschnitzel

die **Kon|fi|tü|re**, die Konfitüren
= die Marmelade

kon|fus = nicht klar,
durcheinander, kopflos

der **Kö|nig**,
die **Kö|ni|gin**,
die Könige,
die Königinnen
= der/die
Herrscher**in**,
der/die Monarch**in**

kö|nig|lich = einem König,
einer Königin
entsprechend, großzügig

die **Kon|kur|renz**,
die Konkurrenzen
= der Wettbewerb,
die Gegnerschaft

kön|nen, du kannst,
er konnte, sie hat gekonnt
= imstande sein,
beherrschen

er **kon|nte** → können

die **Kon|ser|ve**,
= Lebensmittel
in Metalldosen
oder Gläsern

der **Kon|so|nant**,
die Konsonanten
= der Mitlaut

der **Kon|takt**, die Kontakte
= die Verbindung,
die Verständigung

der **Kon|ti|nent**, die Kontinente
= der Erdteil

das **Kon|to**, die Konten = Geld,
das eine Bank verwaltet

die **Kon|t|rol|le**, die Kontrollen
= die Überprüfung

kon|t|rol|lie|ren,
du kontrollierst
= (über)prüfen, nachsehen

140

die **Kon|zen|t|ra|tion**,
die Konzentrationen
= die Aufmerksamkeit

sich **kon|zen|t|rie|ren**,
du konzentrierst dich
= etwas aufmerksam tun,
Acht geben

das **Kon|zert**, die Konzerte
= die Musikveranstaltung

der **Kopf**, die Köpfe
kopf|rech|nen, du rech-
nest im Kopf

das **Kopf|weh**
= die Kopfschmerzen

die **Ko|pie**, die Kopien
= die Vervielfältigung,
die Nachbildung
ko|pie|ren, du kopierst
= vervielfältigen, abmalen

der ~~**Kor**~~ → Chor

der **Ko|ran** = das heilige
Buch im Islam

der **Korb**, die Körbe
= ein
Behälter,
eine Tasche

das **Korn**,
die Körner
➤ das Getreidekorn,
das Samenkorn

die ~~**Korn|fleks**~~ → Cornflakes

der **Kör|per**, die Körper
= der Leib, der Gegenstand

kor|rekt = richtig, tadellos,
einwandfrei

die **Kor|rek|tur**,
die Korrekturen
= die Verbesserung

kor|ri|gie|ren, du korri-
gierst = verbessern

kost|bar = wertvoll

kos|ten, du kostest
= teuer sein, probieren

köst|lich = herrlich,
schmackhaft, delikat

das **Kos|tüm**, die Kostüme
= ein Rock mit Jacke

der **Kot** = der Schmutz

das **Ko|te|lett**,
die Koteletts
= ein
Fleischstück

kr

krab|beln, du krabbelst
= kriechen

der **Krach** = der Lärm,
der Streit

kra|chen, du krachst
= knallen, stoßen

kräch|zen, du krächzt
= mit heiserer Stimme
sprechen

141

K k

die **Kraft**, die Kräfte
= die Stärke, die Energie
das **Kraft|fahr|zeug**,
die Kraftfahrzeuge
= das Kfz = ein Auto
kräf|tig = stark, groß
der **Kra|gen**, die Kragen
[Krägen]
➤ der Hemdkragen
die **Krä|he**, die Krähen
= ein Vogel
krä|hen, du krähst
➤ Der Hahn kräht.
der **Kra|ke**, die Kraken
= der Tintenfisch
die **Kral|le**, die Krallen
= der Fingernagel
eines Tieres
der **Kram** = der Krimskrams,
das Zeug
der **Krampf**, die Krämpfe
= ein Muskel zieht sich
schmerzhaft
zusammen,
der Ärger
der **Kram|pus**,
die Krampusse
= ein Teufel
der **Kran**, die Kräne
= Baumaschinen, die sehr
schwere Dinge heben

krank,
kränker,
am kränksten
= nicht gesund,
kraftlos
krän|ken, du kränkst
= beleidigen
kränk|lich = schwächlich,
empfindlich
das **Kran|ken|haus**,
die Krankenhäuser
= das Spital, die Klinik
die **Krank|heit**, die
Krankheiten = das Leiden,
die Beschwerden
der **Kranz**, die Kränze
➤ der Blumenkranz
der **Krap|fen**, die Krapfen
= eine Mehlspeise
krat|zen, du kratzt
= verletzen, jucken
der **Krat|zer**, die Kratzer
= die Schramme,
eine Verletzung
krau|len, du kraulst
= liebkosen, schwimmen
das **Kraut**, die Kräuter
➤ das Sauerkraut,
die Küchenkräuter
der **Kra|wall**, die Krawalle
= der Streit, der Lärm

K k

die **Kra|wat|te**, die Krawatten
   = der Schlips
   kra|xeln, du kraxelst
   = klettern
   kre|a|tiv = schöpferisch
der **Krebs**, die Krebse
   = ein Fluss- oder
   Meerestier, eine Krankheit,
   ein Sternbild
der **Kre|dit**, die Kredite
   = Geld, das man sich (von
   der Bank) ausleiht
die **Krei|de**, die Kreiden
   ➤ die Ölkreide
der **Kreis**, die Kreise
   ➤ im Kreis
   stehen
   krei|schen,
   du kreisch[s]t
   = schreien
die **Kre|m**[e]
   [**Cre|me**],
   die Kremen = eine Salbe
der **Kren** = der Meerrettich
die ~~Kren|ze~~ → Grenze
das **Kreuz**, die Kreuze
   = der Rücken;
   ➤ das Kirchenkreuz
die **Kreu|zung**, die
   Kreuzungen ➤ die
   Straßenkreuzung

krie|chen, du kriechst, er
   kroch, sie ist gekrochen
   = krabbeln, robben
der **Krieg**, die Kriege
   = der Kampf
krie|gen, du kriegst
   = bekommen
der **Kri|mi**, die Krimis
   = der Kriminalroman
kri|mi|nell
   = gegen das Gesetz
die **Kri|po** = die Kriminalpolizei
die **Krip|pe**, die Krippen
   = ein Kindergarten für
   Babys, ein Futterplatz für
   Tiere
die ~~Krip|pe~~ → Grippe
   = eine Krankheit
der ~~Krist~~, die ~~Kristin~~
   → Christin
die **Kri|tik**, die Kritiken
   = eine Beurteilung
kri|ti|sie|ren, du kritisierst
   = beanstanden, tadeln,
   beurteilen
krit|zeln, du kritzelst
   = schwer leserlich
   schreiben, zeichnen
Kro|a|ti|en = ein Land in
   Südosteuropa
er **kroch** → kriechen

143

das **Kro|ko|dil**, die Krokodile
   = eine Panzerechse
der **Kro|kus**,
   die Krokusse
   = eine Blume
die **Kro|ne**,
   die Kronen
   = ein Zahlungsmittel,
   ein Zahnersatz;
   ➤ eine Königskrone
die **Krö|te**, die Kröten
   = ein Kriechtier
der **Krug**, die Krüge
   = ein Behälter
der
das **Krü|mel**, die Krümel
   = das Brösel
   krumm = gebogen,
   verbogen
sich **krüm|men**, du krümmst
   dich = sich verbiegen
die **Krus|te**, die Krusten
   = der Belag, die Schale

ks

das ~~Ksü|lo|fon~~ → Xylophon

ku/kü

der **Kü|bel**, die Kübel
   = der Eimer
die **Kü|che**, die Küchen
   = der Raum zum Kochen
der **Ku|chen**, die Kuchen
   = eine Mehlspeise

das **Kü|cken** [**Kü|ken**],
   die Kücken = das Junge
   von der Henne
der **Ku|ckuck**, die Kuckucke
   = ein Singvogel
die **Ku|gel**, die Kugeln
   = ein Ball; ➤ die Erdkugel
der **Ku|gel|schrei|ber**,
   die Kugelschreiber
   = der Kuli,
   ein Stift
die **Kuh**,
   die Kühe
   ➤ die Milchkuh
   kühl = nicht ganz kalt
der **Kühl|schrank**,
   die Kühlschränke
   = der Eiskasten
   kühn = mutig
das **Kü|ken** [**Kü|cken**], die
   Küken = das Junge
   von der Henne
der **Ku|ku|ruz**, die Kukuruze
   = der Mais
   ~~kul~~ → cool
der **Ku|li**, die Kulis
   = der Kugelschreiber,
   ein Stift
die **Kul|tur**, die Kulturen
   = die Kunst; der Fortschritt
der **Küm|mel** = ein Gewürz

der **Kum|mer** = das Leid

sich **küm|mern**, du kümmerst
   dich = sich sorgen

der **Kum|pel**, die Kumpel
   = der/die Freundin

der **Kun|de**, die Kunden
   = der Einkäufer

kün|di|gen, du kündigst
   [du wirst gekündigt]
   = entlassen,
   weggehen

die **Kün|di|gung**,
   die Kündigungen
   = die Entlassung

die **Kun|din**, die Kundinnen
   = die Einkäuferin

künf|tig = in Zukunft

die **Kunst**, die Künste
   = z. B. die Malerei, die
   Musik, das Theater

der **Künst|ler**, die **Künst|le|rin**,
   die Künstlerinnen
   ➤ z. B. der/die Malerin

künst|lich = unecht,
   unnatürlich

der **Kunst|stoff**, die
   Kunststoffe = ein Material

kun|ter|bunt = gemischt,
   durcheinander

die **Kur**, die Kuren
   = der Erholungsaufenthalt

der **Kür|bis**, die Kürbisse
   = ein Gemüse

ku|ri|os = merkwürdig,
   seltsam

der **Kurs**, die Kurse
   = der Unterricht, der Weg,
   die Richtung

die **Kur|ve**, die Kurven
   = die Biegung

kurz, kürzer, am kürzesten
   = knapp, nicht lang

kurz|ärm[e]|lig
   = mit kurzen Ärmeln

kür|zen, du kürzt
   = kürzer machen

kürz|lich = vor kurzem,
   neulich

kurz|sich|tig = nicht
   weitblickend, schlecht
   sehend

ku|scheln, du kuschelst
   = sich anschmiegen

der ~~Ku|sin~~ → Cousin

die ~~Ku|si|ne~~ → Cousine

der ~~Ku|sön~~ → Cousin

der **Kuss**, die Küsse
   = das Bussi

küs|sen, du küsst = einen
   Kuss geben

die **Küs|te**, die Küsten
   = das Ufer

K k

die **Kut|sche**, die Kutschen
= ein von Pferden
gezogener Wagen

das **Ku|vert**, die Kuverts
= der Umschlag

kw

*Wenn du ein Wort unter **kw-** nicht findest, dann schau bei **qu-** nach!*

~~kwa|ken~~ → quaken

die ~~Kwa|le~~ → Qualle

der ~~Kwatsch~~ → Quatsch

~~kwe|len~~ → quälen

die ~~Kwel|le~~ → Quelle

~~kwer~~ → quer

das
der ~~Kwis~~ → Quiz

L l

la/lä

das **La|bor**, die Labore
= ein Forschungsplatz

das **La|by|rinth**, die Labyrinthe
= der Irrgarten

lä|cheln, du lächelst
= schmunzeln, grinsen

la|chen, du lachst
= vergnügt sein

das **La|chen** = die Fröhlichkeit

lä|cher|lich = albern, dumm

der **Lachs**, die Lachse
= ein Fisch

der **Lack**, die Lacke = ein
glänzender Anstrich

die **La|cke**, die Lacken
= die Pfütze

la|ckie|ren, du lackierst
= anstreichen

die **La|de**, die Laden
➤ die Schublade

la|den, du lädst, er lud,
sie hat geladen = beladen,
voll packen

der **La|den**,
die Läden
= das Geschäft

er **lag** → liegen

die **La|ge**, die Lagen = die
Situation, der Zustand

das **La|ger**, die Lager = der
Vorrat, das Warenlager,
der Ruheplatz

la|gern, du lagerst
= aufbewahren

lahm = gelähmt,
gehbehindert

der **Laib**, die Laibe
➤ der Laib Brot

der ~~Laib~~ → Leib = der Körper

der **Laich** = die Fischeier

die ~~Laiche~~
→ Leiche

der **Laie**,
die Laien
= der/die
Anfängerin,
der/die Nichtskönnerin

das **La|ma**, die Lamas = ein
südamerikanisches Kamel

das **Lamm**, die Lämmer = das
Junge vom Schaf

die **Lam|pe**, die Lampen = die
Leuchte

das **Lam|pen|fie|ber** = die
Nervosität, das Herzklopfen

der **Lam|pi|on**, die Lampions
= die Papierlaterne

das **Land**, die Länder = der
Staat, das ländliche Gebiet,
der Boden

lan|den, du landest
= ankommen, aufsetzen

die **Lan|des|haupt|frau**,
der **Lan|des|haupt|mann**,
die Landeshauptfrauen,
die Landeshauptmänner,
die Landeshauptleute
= der/die Chefin eines
Bundeslandes

die **Land|schaft**, die
Landschaften = die
Gegend, die Natur

der **Land|wirt**, die **Land|wir|tin**,
die Landwirte,
die Landwirtinnen
= der Bauer, die Bäuerin

die **Land|wirt|schaft**, die
Landwirtschaften = der
Ackerbau, die Viehzucht,
der Bauernhof

lang, länger, am längsten
= groß, ausgedehnt,
nicht kurz

Du schreibst zusammen:
stundenlang, tagelang,
jahrelang, langärm[e]lig.
Du schreibst getrennt: eine
Stunde lang, zwei Tage
lang, drei Jahre lang, zu
lang, seit langem.

lang|ärm[e]|lig = mit
langen Ärmeln

die **Län|ge**, die Längen
= die Größe, die Dauer

die **Lan|ge|wei|le** = die
Eintönigkeit, die Fadheit

läng|lich = lang gestreckt,
schmal

lang|sam = mit geringer
Geschwindigkeit

L l

längst = lange vorher, bereits

sich **lang|wei|len**, du langweilst dich = Langeweile haben, sich fadisieren

lang|wei|lig = fad(e), uninteressant

der **Lap|pen**, die Lappen = der Fetzen, das Tuch

der **Lap|top**, die Laptops = ein tragbarer Computer

die **Lär|che**, die Lärchen = ein Nadelbaum

die ~~Lär|che~~ → Lerche = ein Singvogel

der **Lärm** = der Krach

lär|men, du lärmst = Krach machen

die **Lar|ve**, die Larven = die Jugendform der Insekten

er **las** → lesen

lasch = schlaff, kraftlos

las|sen, du lässt, er ließ, sie hat gelassen ➤ Lass mich in Ruhe!

läs|sig = salopp, toll

das **Las|so**, die Lassos = ein Wurfseil

die **Last**, die Lasten = ein Gewicht, die Mühe

das **Las|ter**, die Laster = eine schlechte Gewohnheit

der **Las|ter**, die Laster = der Lastkraftwagen, der Lkw

läs|tig = aufdringlich

der **Last|kraft|wa|gen**, die Lastkraftwägen = der Lkw, der Laster

La|tein = eine alte Sprache

die **La|ter|ne**, die Laternen = eine Beleuchtung

die **Lat|sche**, die Latschen = ein Nadelbaum

lat|schen, du latscht = schlendern, schlurfen

die **Lat|te**, die Latten = das Brett

lau = zwischen warm und kalt, mild

das **Laub** = die Blätter der Bäume

der **Lauf**, die Läufe ➤ der 100-m-Lauf

lau|fen, du läufst, er lief, sie ist gelaufen = rennen, eilen, funktionieren

der **Läu|fer**, die **Läu|fe|rin**, die Läuferinnen = der/die Sprinterin

148

die **Lau|ne**, die Launen
= die Stimmung
lau|nisch = launenhaft,
zickig

die **Laus**, die Läuse = ein
kleines, Blut saugendes
Insekt

lau|schen,
du lausch(s)t
= horchen

laut
= geräuschvoll,
lärmend, nicht leise

der **Laut**, die Laute = der Ton
läu|ten, du läutest
= klingeln
lau|ter = nur, bloß

der **Laut|spre|cher**,
die Lautsprecher
= der Verstärker
lau|warm = mäßig warm

die **La|va** = die heiße
Gesteinsmasse
von Vulkanen

die **La|wi|ne**, die Lawinen
= eine zu Tal stürzende
Schneemasse

le

le|ben, du lebst = nicht tot
sein, wohnen, sich
ernähren

das **Le|ben**, die Leben = die
Existenz, das Dasein
le|ben|dig = am Leben,
lebhaft

das **Le|bens|mit|tel**, die
Lebensmittel = das
Nahrungsmittel

die **Le|ber**, die Lebern
= ein Körperorgan
leb|haft = lebendig, munter

der **Leb|ku|chen**,
die Lebkuchen
= eine Süßspeise

lech|zen, du lechzt
= herbeisehnen,
dürsten

das **Leck**,
die Lecks
= ein Riss,
ein Loch

le|cken, du leckst
= schlecken, saugen
le|cker = köstlich,
schmackhaft

der **Le|cker|bis|sen**,
die Leckerbissen = die
Köstlichkeit

das **Le|der** ➤ der Ledergürtel
le|dig = unverheiratet, frei
le|dig|lich = nur
leer = ohne Inhalt

L l

lee|ren, du leerst
= ausschütten, austrinken

le|gen, du legst = hinlegen,
hinstellen

die **Le|gen|de**, die Legenden
= eine Erzählung,
eine Sage

die **Leh|ne**, die Lehnen
➤ die Sessellehne

leh|nen, du lehnst
= anlehnen, gegen etwas
stützen

leh|ren, du lehrst
= jemandem etwas
beibringen

der **Leh|rer**,
die **Leh|re|rin**
die Lehrerinnen

der **Lehr|ling**,
die Lehrlinge
= eine Auszubildender

der **Leib**, die Leiber
= der Körper

der ~~Leib~~ → Laib
➤ der Laib Brot

das **Leib|chen**, die Leibchen
= das Unterhemd,
das T-Shirt

die **Lei|che**, die Leichen
= der Leichnam,
der tote Körper

leicht = nicht schwer,
einfach, ein wenig

die **Leicht|ath|le|tik**
= eine Sportart

der **Leicht|sinn** = der Übermut
leicht|sin|nig = übermütig,
unvorsichtig

das **Leid** = der Kummer;
➤ leidtun = bedauern

das **Lei|den**, die Leiden
= die Beschwerden, die
Krankheit

lei|den, du leidest, er litt,
sie hat gelitten
= ausstehen, ertragen

die **Leiden|schaft**,
die Leidenschaften
= die Begeisterung,
das heftige Verlangen

lei|der = schade,
unglücklicherweise

~~leif~~ → live

lei|hen, du leihst, er lieh,
sie hat geliehen = borgen,
entlehnen

lei|men, du leimst = kleben

die **Lei|ne**,
die Leinen
= ein dünnes
Seil; ➤ die
Hundeleine

das **Lei|nen** = ein Stoff

das **Lein|tuch**, die Leintücher
= das Betttuch

die **Lein|wand**, die Leinwände
= ein Stoff;
➤ die Kinoleinwand

lei|se = nicht laut,
ruhig, still

leis|ten, du leistest
= bewältigen, erreichen

sich **leis|ten**, du leistest dir
= sich gönnen

die **Leis|tung**, die Leistungen
= das Können, die Kraft

lei|ten, du leitest
= führen, regieren

die **Lei|ter**, die Leitern
➤ die Stehleiter

die **Lei|tung**, die Leitungen
= die Führung,
die Stromleitung

lei|wand = super, toll

das ~~Lek|si|kon~~ → Lexikon

die **Lek|ti|on**, die Lektionen
= der Unterricht,
das Kapitel

die **Lek|tü|re**, die Lektüren
= der Lesestoff

len|ken, du lenkst
= fahren, führen

der **Lenz** = der Frühling

der **Le|o|pard**, die Leoparden
= eine Raubkatze

der ~~Lep|top~~ → Laptop

die **Ler|che**, die Lerchen
= ein Singvogel

die ~~Lerche~~ → Lärche
= ein Nadelbaum

ler|nen, du lernst = sich
etwas beibringen, studieren

les|bisch = die Liebe von
Frau zu Frau

das **Le|se|buch**, die
Lesebücher = das
Geschichtenbuch

le|sen,
du liest,
er las, sie
hat gelesen
➤ ein Buch lesen

der **Le|ser**, die **Le|se|rin**,
die Leserinnen
= der/die Bücherfreundin

le|ser|lich = zu entziffern

letz|te = vergangene,
vorige

> *Du schreibst klein: das*
> ***letzte** Mal, der **letzte** Platz,*
> *die **letzte** Möglichkeit.*
> *Du schreibst groß: zu guter*
> ***Letzt**, die **Letzte** sein, das*
> ***Letzte** geben.*

letz|tens = kürzlich

leuch|ten, du leuchtest
= strahlen, glänzen

der **Leuch|ter**, die Leuchter
= die Lampe

leug|nen, du leugnest
= abstreiten, als falsch
bezeichnen

die **Leu|te** = die Menschen

das **Le|xi|kon**, die Lexika
= ein Wörterbuch mit
Erklärungen

li

die **Li|bel|le**, die Libellen
= ein Insekt

das **Licht**, die Lichter
= die Helligkeit, die Lampe

das **Lid**, die Lider
= der Augendeckel

das ~~Lid~~ → Lied

lieb = freundlich, nett, brav

die **Lie|be**, die Lieben = die
Zuneigung

lie|ben,
du liebst
= sehr
gern
haben

lie|ber → gern

der **Lieb|ling**, die Lieblinge
= der Schatz

das **Lied**, die Lieder = das
Gesangsstück, der Song

er **lief** → laufen

lie|fern, du lieferst
= zustellen, bringen

die **Lie|fe|rung**,
die Lieferungen
= die Zustellung

lie|gen, du liegst, er lag,
sie ist gelegen = ruhen,
zurückzuführen auf

der **Lie|ge|stütz**,
die Liegestütze
= eine Turnübung

er **lieh** → leihen

sie **ließ** → lassen

sie **liest** → lesen

der **Lift**, die Lifte = der Aufzug

der **Li|kör**, die Liköre = ein
Getränk mit Alkohol

li|la = eine Farbe;
➤ lila wie Flieder

die **Li|lie**, die Lilien
= eine Blume

der **Li|li|pu|ta|ner**,
die **Li|li|pu|ta|ne|rin**,
die Liliputanerinnen
= ein kleinwüchsiger
Mensch

die **Li|mo|na|de**, die
Limonaden = ein Fruchtsaft

L l

152

lind = mild

die **Lin|de**, die Linden
= ein Laubbaum

das **Li|ne|al**, die Lineale = ein
Maßstab zum Zeichnen und
Messen von Strecken

die **Li|nie**, die Linien
= der Strich, die Zeile

li|nie|ren [**li|ni|ier|en**],
du linierst = Linien ziehen

linke ➤ der linke Fuß

links ➤ links abbiegen

links|hän|dig = mit der
linken Hand

die **Lin|se**, die Linsen = ein
Gemüse, ein durchsichtiger
Gegenstand mit gekrümm-
ter Oberfläche
➤ die Kontaktlinse

Linz = die Hauptstadt von
Oberösterreich

die **Lip|pe**, die Lippen
➤ der Lippenstift

die **List**, die Listen = der Trick

die **Lis|te**, die Listen
= das Verzeichnis

das
der **Li|ter**, die Liter (l)
= eine Maßeinheit

die **Li|te|ra|tur** = die Schriften,
die Bücher

cr **litt** → leiden

live = direkt übertragen

lk

der **Lkw**, die Lkws = der
Lastkraftwagen, der Laster

lo/lö

das **Lob** = anerkennende
Worte

lo|ben, du lobst
= anerkennen, auszeichnen

das **Loch**, die Löcher = eine
Grube, ein Riss, eine Lücke

der **Lo|cher**, die Locher = ein
Gerät zum Löchermachen

lö|che|rig [löch|rig]
= undicht

lö|chern, du löcherst
= Löcher machen,
jemanden
ausfragen

die **Lo|cke**,
die Locken
➤ die Haarlocke

lo|cken, du lockst
– herbeirufen, reizen

lo|cker = wackelig,
nicht fest, entspannt

lo|ckig = gekräuselt,
nicht glatt

der **Löf|fel**, die Löffel = ein Teil
des Bestecks, die Ohren
eines Hasen

L l

löffeln, du löffelst
= mit dem Löffel essen

er **log** → lügen

lo|gisch = einleuchtend,
überlegt

der **Lohn**, die Löhne
= das Gehalt

sich **loh|nen**, es lohnt sich
= sich auszahlen

die **Loi|pe**, die Loipen = die
Spur zum Skilanglaufen

die **Lok**, die Loks = die
Lokomotive, der Zug

das **Lo|kal**, die Lokale
= die Gaststätte

die **Lo|ko|mo|ti|ve**,
die Lokomotiven
= die Lok, der Zug

los ➤ Auf die Plätze –
fertig – los!

das **Los**, die Lose
= der Lotterieschein

lös|bar = auflösbar, zu
erraten

das **Lösch|blatt**, die
Löschblätter = das
Saugpapier

lö|schen,
du lösch(s)t
= ausmachen,
beseitigen

lo|se = locker, nicht fest

lo|sen, du lost
= ein Los ziehen

lö|sen, du löst
= herausfinden, klären

los|las|sen,
du lässt los
→ lassen;
= freilassen,
auslassen

die **Lö|sung**, die Lösungen
= die Antwort, die Erklärung
die Trennung

die **Lot|te|rie**, die Lotterien
= ein Glücksspiel

das **Lot|to** = ein Glücksspiel

der **Lö|we**, die Löwen = eine
Raubkatze, ein Sternbild

lu/lü

der **Luchs**, die Luchse
= eine Raubkatze

die **Lü|cke**, die Lücken
= das Loch, die offene
Stelle; ➤ die Zahnlücke

lü|cken|haft = mit Lücken,
unvollständig

lü|cken|los = ohne Lücken,
vollständig

er **lud** → laden

die **Luft**, die Lüfte
➤ die Bergluft, die Atemluft

154

L l

der **Luft|bal|lon**,
  die Luftballons = ein
  aufgeblasener Ball
  lüf|ten, du lüftest = frische
  Luft hereinlassen
die **Lüf|tung**, die Lüftungen
  = die Frischluftzufuhr
die **Lü|ge**, die Lügen
  = die Unwahrheit
  lü|gen, du lügst, er log, sie
  hat gelogen = schwindeln,
  etwas falsch darstellen
der **Lüg|ner**, die **Lüg|ne|rin**,
  die Lügnerinnen
   = der/die Schwindlerin
die **Lu|ke**, die Luken
  = ein kleines
  Fenster
der **Lüm|mel**,
  die Lümmel
  = ein unhöflicher
  Mensch
der **Lum|pen**, die Lumpen
  = der Fetzen
die **Lun|ge**, die Lungen
  = ein Körperorgan
die **Lu|pe**, die Lupen
  = ein Vergrößerungsglas
die **Lust**, die Lüste
  = die Freude, der Spaß,
  der Wunsch

der **Lus|ter**, die Luster = der
  Kronleuchter, die Lampe
  lus|tig = fröhlich, spaßig,
  vergnügt
  lut|schen, du lutsch(s)t
  = auf der Zunge zergehen
  lassen
der **Lut|scher**, die Lutscher
  = der Schlecker
  lu|xu|ri|ös = aufwändig,
  üppig
der **Lu|xus** = der Reichtum,
  der Überfluss

M m

ma

  ma|chen, du machst
  = arbeiten, herstellen,
  basteln
die **Macht**, die Mächte = der
  Einfluss, die Herrschaft
das **Mäd|chen**, die Mädchen
  = das Dirndl, ein Kind
er **mag** → mögen
die **Magd**, die Mägde
  = die Dienerin
der **Ma|gen**, die Mägen
  = das Organ, das bei der
  Verdauung mithilft
  ma|ger = dünn, ohne Fett

M m

der **Ma|g|net**, die Magnete
= ein Metall, das andere
Metalle anzieht
ma|g|ne|tisch
= anziehend
mä|hen,
du mähst
= abschneiden
mah|len, du mahlst
= zerkleinern
~~mah|len~~ → malen
= zeichnen
die **Mahl|zeit**, die Mahlzeiten
= das Essen, die Speise
der **Mai** = der fünfte Monat
der **Mai|kä|fer**, die Maikäfer
= ein Insekt
die **Mail|box**, die Mailboxen
= der Anrufbeantworter
der **Mais** = der Kukuruz
die **Ma|jo|nä|se**
[**Ma|yon|nai|se**]
= eine Soße
das **Make-up** = die Schminke
mal = einmal;
➤ zwei mal zwei ist vier
das **Mal**, die Male ➤ das erste
Mal, das Muttermal
~~ma|len~~ → mahlen (Kaffee)
ma|len, du malst
= zeichnen, anstreichen

die **Ma|ma**, die Mamas
= die Mutter
man ➤ Man darf (= Wir
dürfen) hier nicht skaten.
man|che = einige
manch|mal = ab und zu,
gelegentlich
die **Man|da|ri|ne**, die
Mandarinen = eine Frucht
die **Man|del**, die Mandeln
= eine Frucht
man|gel|haft = fehlerhaft
der **Mann**,
die Männer
= der Herr
das **Männ|chen**,
die Männchen
= ein kleiner
Mann
die **Mann|schaft**
die Mannschaften
= das Team, die Gruppe
der **Man|tel**, die Mäntel
= ein Kleidungsstück
die **Map|pe**, die Mappen
➤ die Heftmappe
das **Mär|chen**, die Märchen
= eine Erzählung,
eine Geschichte
die **Mar|ge|ri|te**, die Margeriten
= eine Blume

156

der **Ma|ri|en|kä|fer**,
   die Marienkäfer = ein Insekt
die **Ma|ril|le**, die Marillen
   = die Aprikose,
   ein Steinobst
die **Ma|ri|o|net|te**,
   die Marionetten = eine
   Puppe an Fäden hängend
die **Mar|ke**, die Marken
   ➤ die Briefmarke
der **Markt**, die Märkte
   ➤ der Supermarkt,
   die Marktfrau
die **Mar|me|la|de**,
   die Marmeladen
   = die Konfitüre
die **Ma|ro|ni**,
   die Maroni
   = die
   Esskastanie
mar|schie|ren,
   du marschierst = schreiten,
   im Gleichschritt gehen
der **März** = der dritte Monat
das
der **Mar|zi|pan**
   = eine Süßigkeit;
   ➤ die Marzipankugel
er ~~**mas**~~ → maß
die **Ma|sche**, die Maschen
   = die Schleife, die Schlinge
die ~~**Ma|schie|ne**~~ → Maschine

die **Ma|schi|ne**, die Maschinen
   = der Apparat,
   das Motorrad
die **Ma|sern**
   = eine Kinderkrankheit
die **Mas|ke**,
   die Masken
   = die
   Kostümierung
   des Gesichts
er **maß** → messen
die **Mas|sa|ge**, die Massagen
   = eine Knetbehandlung
die **Mas|se**, die Massen
   = die Menge
das **Match**, die Matches
   = ein Spiel
das **Ma|te|ri|al**, die Materialien
   = der Stoff
die **Ma|the|ma|tik**
   = das Rechnen
die **Ma|t|rat|ze**, die Matratzen
   ➤ die Bettmatratze
mat|schig = gatschig,
   dreckig
die **Mat|te**, die Matten
   ➤ die Fußmatte
die **Mau|er**, die Mauern
   = die Wand
das **Maul**, die Mäuler
   = der Mund eines Tiers

157

Mm

das ~~Mauntenbeik~~
  → Mountainbike
der **Mau|rer**, die **Mau|re|rin**,
  die Maurerinnen
  = Er/sie baut Häuser.
die **Maus**, die Mäuse
  = ein Nagetier
me
der **Me|cha|ni|ker**,
  die **Me|cha|ni|ke|rin**,
  die Mechanikerinnen
  = Er/sie baut Maschinen.
die **Me|dail|le**, die Medaillen
  = eine Münze, eine
  Auszeichnung
das **Me|di|ka|ment**,
  die Medikamente
  = die Arznei,
  die Medizin
die **Me|di|zin**
  = die Arznei,
  die Heilkunde
das **Meer**, die Meere
  = der Ozean, die See
das **Meer|schwein|chen**,
  die Meerschweinchen
  = ein Haustier
  me|ga = großartig, super,
  hervorragend
das **Mehl** = gemahlenes
  Getreide

die **Mehl|spei|se**,
  die Mehlspeisen
  ➤ der Kuchen, die Torte
mehr → viel
meh|re|re = einige
die **Mehr|zahl** = die Vielzahl,
  der Plural
meiden, du meidest, er
  mied, sie hat gemieden
  = aus dem Weg gehen,
  ausweichen
mein ➤ Mein Rad gehört
  mir.
mei|nen, du meinst
  = denken, sagen
mei|net|we|gen = von mir
  aus
die **Mei|nung**, die Meinungen
  = die Ansicht, die
  Auffassung, der
  Standpunkt
die **Mei|se**,
  die Meisen
  = ein Vogel
meist
  = meistens, oft
am **meis|ten** ➤ viel, mehr, am
  meisten; → viel
die **meis|ten** = fast alle
  meis|tens = fast immer
das ~~Mek ab~~ → Make-up

158

mel|den, du meldest
= verkünden, berichten,
bekannt geben

die **Me|lo|die**, die Melodien
= das Lied

das **Me|mo|ry** = ein Spiel mit
Kärtchen

die **Men|ge**, die Mengen
= eine große Zahl

der **Mensch**, die Menschen
= die Person

das **Me|nü**, die Menüs
= ein Essen mit mehreren
Gängen

mer|ken, du merkst
= im Gedächtnis behalten

merk|wür|dig = sonderbar,
komisch

mes|sen, du misst, er maß,
sie hat gemessen
= abmessen,
berechnen

das **Mes|ser**,
die Messer
= ein Teil
des Bestecks

das **Me|tall**, die Metalle
= ein Material

das
der **Me|ter**, die Meter (m)
= ein Längenmaß

das ~~Metsch~~ → Match

der **Metz|ger**,
die **Metz|ge|rin**,
die Metzgerinnen
= der/die
Fleischhauerin

mi

mi|au|en, du miaust
➤ Die Katze miaut.

mich ➤ Er liebt mich.

die **Mi|ckey|maus**
= eine Comicfigur

mie|ten, du mietest
= sich etwas gegen Geld
ausleihen

die **Mi|grä|ne**
= starke Kopfschmerzen

das **Mi|kro|fon**, die Mikrofone
= ein Tonempfänger

das **Mi|kro|s|kop**,
die Mikroskope = ein Gerät
zum Betrachten sehr
kleiner Dinge

die **Milch** ➤ die Kuhmilch

mild = sanft, weich, gütig

die **Mil|li|ar|de**, die Milliarden
(Mrd.) = 1 000 000 000

der **Mil|li|me|ter**, die Millimeter
(mm) = eine Längeneinheit

die **Mil|li|on**, die Millionen
(Mio.) = 1 000 000

min|des|tens = wenigstens

159

Mm

das **Mi|ne|ral|was|ser**,
　die Mineralwässer
　= ein Getränk
　mi|nus = weniger
die **Mi|nu|te**, die Minuten
　(min) = eine Zeiteinheit von
　60 Sekunden
　mir ➤ Der Kuli gehört mir.
　miss|ach|ten,
　du missachtest = nicht
　beachten, ignorieren
　miss|lin|gen,
　es misslingt mir,
　es misslang ihm,
　es ist ihr
　misslungen
　= fehlschlagen,
　nicht glücken

das **Miss|ver|ständ|nis**,
　die Missverständnisse
　= ein Irrtum
der **Mist** = der Abfall, der Müll
　mit ➤ mit dem Rad fahren

> *Mit **mit-** kannst du Wörter*
> *bauen: **mit|fahren**,*
> ***mit|einander, Mit|glied**.*
> *Wenn du ein Wort unter*
> ***mit-** nicht findest, dann*
> *mache Folgendes: Suchst*
> *du **mit|essen**, schau bei*
> ***essen** nach!*

mit|ei|n|an|der
　= zusammen, gemeinsam
mit|fah|ren, du fährst mit
　→ fahren; = begleiten,
　mitreisen
das **Mit|glied**, die Mitglieder
　= der/die Angehörige
der **Mit|laut**, die Mitlaute
　= der Konsonant,
　ein Buchstabe
das **Mit|leid**
　= das
　Mitgefühl
mit|ma|chen,
　du machst mit
　= teilnehmen, erleiden
der **Mit|tag**, die Mittage = von
　12.00 bis 13.00 Uhr
das **Mit|tag|es|sen**,
　die Mittagessen
　= das Essen zu Mittag
　mit|tags = jeden Mittag
die **Mit|te**, die Mitten = der
　Mittelpunkt, das Zentrum
das **Mit|tel**, die Mittel
　= die Maßnahme, das
　Medikament, das Geld
　mit|ten (in) = in der Mitte
　(von)
der **Mitt|woch**, die Mittwoche
　= der dritte Wochentag

Mm

mitt|wochs = jeden Mittwoch

der **Mi|xer**, die Mixer
= das Rührgerät

mj

das ~~Mjusikel~~ → Musical

mo/mö

das **Mö|bel**, die Möbel
= die Einrichtung

er **möch|te** → mögen

die **Mo|de**, die Moden
= der Brauch, der Trend
mo|dern = zeitgemäß, neuartig
mo|geln, du mogelst
= schummeln
mö|gen, du magst, er mochte, sie hat gemocht
= bevorzugen, gern haben
mög|lich
= vorstellbar, wahrscheinlich

der **Mohn**
= eine Frucht, eine Pflanze
mol|lig
= vollschlank, dick, nicht dünn

der **Mo|ment**, die Momente
= der Augenblick

der **Mo|nat**, die Monate
= eine Zeiteinheit von 28 bis 31 Tagen

der **Mond**, die Monde
= ein Himmelskörper;
➤ der Vollmond

das **Mons|ter**, die Monster
= das Ungeheuer

der **Mon|tag**, die Montage
= der erste Wochentag

am **Mon|tag|mor|gen** = zu Beginn der neuen Woche
mon|tags = jeden Montag

das **Moos**, die Moose
= eine Pflanze

das **Mo|ped**, die Mopeds
= ein Fahrzeug
mor|den, du mordest
= umbringen, töten

der **Mör|der**, die **Mör|de|rin**, die Mörderinnen
= der/die Verbrecherin
mor|gen = am nächsten Tag

der **Mor|gen**, die Morgen
= die Zeit vor dem Vormittag
mor|gens = jeden Morgen

die **Mo|schee**, die Moscheen
= das Gebetshaus der Moslems

der **Mo|tor**, die Motoren
= die Antriebsmaschine

das **Moun|tain|bike**,
die Mountainbikes
= ein Fahrrad
für die Berge

mu/mü

die **Mü|cke**,
die Mücken
= eine Gelse

mü|de = erschöpft, schlapp

die **Mü|dig|keit**,
= die Erschöpfung

die **Mü|he**, die Mühen
= die Anstrengung

müh|sam = anstrengend,
beschwerlich

der **Müll** = der Abfall, der Mist

die **Müll|ton|ne**, die
Mülltonnen = der Behälter
für den Abfall

die **Mul|ti|pli|ka|ti|on**,
die Multiplikationen
= die Malrechnung

der **Mund**,
die Münder
= ein Teil
des Gesichts

mun|ter
= wach,
lebhaft

die **Mün|ze**,
die Münzen = das Hartgeld

die **Mu|re**, die Muren
= eine Schlammlawine

die **Mur|mel**, die Murmeln,
= eine Spielkugel

mur|meln, du murmelst
= leise sprechen

das **Mu|se|um**, die Museen
= das Ausstellungshaus

das **Mu|si|cal** = ein
Theaterstück mit modernen
Liedern

die **Mu|sik** ➤ die Popmusik,
die klassische Musik

der **Mu|si|kant**,
die **Mu|si|kan|tin**,
die Musikanten,
die Musikantinnen
= Er/sie
spielt
Volksmusik.

der **Mu|si|ker**,
die **Mu|si|ke|rin**,
die Musikerinnen
➤ Er/sie spielt Popmusik
oder klassische Musik.

mu|si|zie|ren, du musi-
zierst = Musik machen

der **Mus|kel**, die Muskeln
➤ der Muskelkater

das **Müs|li**, die Müslis
= ein Essen aus Früchten
und Getreideflocken
der **Mus|lim**,
die **Mus|li|min** [Mus|li|ma],
die Muslime,
die Musliminnen
➤ Er/sie glaubt an Allah.
müs|sen, du musst,
er musste, sie hat müssen
= die Pflicht haben
er ~~muste~~ → musste
→ müssen
das **Mus|ter**,
die Muster
➤ das
Stoffmuster
der **Mut** = die Furchtlosigkeit,
die Kühnheit
mu|tig = furchtlos, kühn
die **Mut|ter**, die Mütter
= die Mama
das **Mut|ter|mal**,
die Muttermale
= ein Hautfleck
der **Mut|ter|tag**, die Muttertage
= das Fest am zweiten
Sonntag im Mai
die **Müt|ze**, die Mützen
= die Haube,
eine Kopfbedeckung

N n

na/nä

der **Na|bel**, die Nabel
= das
kleine
Loch
in der Mitte
des Bauchs

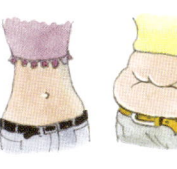

nach ➤ nach Hause gehen
*Mit **nach-** kannst du Wörter
bauen: **nach|denken**,
nach|dem, **Nach|speise**.
Wenn du ein Wort unter
nach- nicht findest, dann
mache Folgendes: Suchst
du **nach|laufen**, schau bei
laufen nach!*

der **Nach|bar**,
die **Nach|ba|rin**,
die Nachbarn,
die Nachbarinnen
➤ der/die Sitznachbarin
nach|dem = danach, als
nach|den|ken, du denkst
nach → denken;
= denken, grübeln
die **Nach|er|zäh|lung**,
die Nacherzählungen
= ein Aufsatz

N n

nach|ge|ben, du gibst
nach → geben;
= einlenken,
sich überreden lassen
nach|her = danach
nach|ma|chen,
du machst
nach
= gleichtun,
imitieren,
fälschen

der **Nach|mit|tag**,
die Nachmittage
= die Zeit zwischen Mittag
und Abend
nach|mit|tags
= am Nachmittag

der **Nach|na|me**,
die Nachnamen
= der Familienname

die **Nach|richt**,
die Nachrichten = die
Mitteilung, die Neuigkeit
nach|schau|en, du schaust
nach = hinterherschauen,
kontrollieren, überprüfen,
nachlesen

die **Nach|spei|se**,
die Nachspeisen
= das Dessert,
eine Süßigkeit

nächs|te = folgende

Du schreibst groß:
*Der **Nächste** bitte!*
*Als **Nächstes** komme ich!*
*Du schreibst klein: **nächste***
***Woche**, das **nächste Mal**,*
*am **nächsten** sein.*
Du schreibst klein und
zusammen:
*der **nächstbeste** Platz.*

die **Nacht**, die Nächte
= die Zeit nach dem Abend,
nicht Tag

der **Nach|teil**, die Nachteile
= die schlechte Seite
nachts = in der Nacht
nackt = bloß, unbekleidet

die **Na|del**, die Nadeln
➤ die Stecknadel

der **Na|gel**, die Nägel
= ein spitzer Metallstift
na|gen, du nagst
= knabbern, kauen
nah[e], näher, am
nächsten; = in der Nähe,
benachbart, nicht weit

die **Nä|he** = eine kurze
Entfernung
nä|hen,
du nähst
= handarbeiten

N n

164

er **nahm** → nehmen

die **Nah|rung** = das Essen,
die Lebensmittel

der **Na|me**, die Namen
➤ der Vorname

das **Na|men|wort**,
die Namenwörter
= das Hauptwort,
das Nomen
näm|lich = und zwar,
denn

sie **nann|te** → nennen

die **Nar|be**, die Narben
= eine verheilte Wunde

die **Nar|ko|se**, die Narkosen
= eine Betäubung

der **Narr**, die **Där|rin**,
die Narren, die Närrinnen
= der/die Spaßmacherin

die **Nar|zis|se**, die Narzissen
= eine Blume
na|schen, du nasch(s)t
= Süßigkeiten essen,
knabbern

die **Na|se**,
die Nasen
= das
Geruchsorgan
nass, nasser [nässer], am
nassesten = nicht trocken,
sehr feucht

nass|sprit|zen,
du
spritzt
nass
= nass machen

die **Na|ti|on**, die Nationen
= der Staat

der **Na|ti|o|nal|fei|er|tag**,
die Nationalfeiertage
= ein staatlicher Feiertag

die **Na|tur**, die Naturen
= die Landschaft,
die Tier- und Pflanzenwelt,
die Eigenart
na|tür|lich = freilich, sicher
na|tür|lich = rein, echt

ne

der **Ne|bel**, die Nebel
= der Dunst, der Dampf
ne|be|lig [**neb|lig**] = trübe,
grau
ne|ben = an der Seite
ne|ben|ei|n|an|der
➤ nebeneinandersitzen
ne|cken, du neckst
= aufziehen, ärgern

der **Nef|fe**, die Neffen
= der Sohn der Schwester
oder des Bruders
ne|ga|tiv = schlecht,
erfolglos

neh|men, du nimmst, er nahm, sie hat genommen = wegnehmen, ergreifen, auswählen, essen

~~nehm|lich~~ → nämlich

nei|disch = eifersüchtig, missgünstig

nein [Nein] sagen, du sagst nein = bestreiten

die **Nek|ta|ri|ne**, die Nektarinen = eine Frucht

die **Nel|ke**, die Nelken = eine Blume

nen|nen, du nennst, er nannte, sie hat genannt = bezeichnen, einen Namen geben

die **Nenn|form**, die Nennformen ➤ „Schlafen" ist die Nennform von „schlief".

der **Nerv**, die Nerven = eine Leitung im Körper, die Reize wie Schmerz weitergibt

ner|vös = hektisch, aufgeregt

das **Nest**, die Nester ➤ das Vogelnest

nett = freundlich, sympathisch, hübsch

das **Netz**, die Netze ➤ das Spinnennetz, das Tennisnetz, das Fischernetz

neu, neuer, am neu[e]sten = nicht alt, ungebraucht

die **Neu|gier|[de]** = das Interesse, der Wissensdurst

neu|gie|rig = wissbegierig, schaulustig

die **Neu|ig|keit**, die Neuigkeiten = die neue Nachricht

neun = die Ziffer 9

neu|t|ral = unparteiisch

ni

nicht = nie und nimmer, keinesfalls

das **Nichtge|nü|gend** = die Schulnote 5

die **Nich|te**, die Nichten = die Tochter der Schwester oder des Bruders

nichts = kein bisschen

ni|cken, du nickst = bejahen

nie = niemals, zu keinem Zeitpunkt

166

N n

nie|der|fal|len, du fällst nieder → fallen; = hinfallen, stürzen

die **Nie|der|lan|de** = ein EU-Land

Nie|der|ös|ter|reich = ein Bundesland

der **Nie|der|schlag**, die Niederschläge = der Regen, der Schnee

nied|lich = herzig, hübsch

nied|rig = klein, nicht hoch

nie|mals = nie, zu keinem Zeitpunkt

nie|mand = keine Person

die **Nie|re**, die Nieren = ein Körperorgan

nie|sen, du niest = hatschi machen

der **Ni|ko|laus** [der **Ni|ko|lo**] = ein Heiliger des Christentums, er kommt am 6. Dezember

das **Nil|pferd**, die Nilpferde = ein Säugetier

nir|gends = nirgendwo

die **Ni|xe**, die Nixen = ein Wassergeist

no/nö

no|bel = vornehm, elegant

noch = momentan, weiterhin, außerdem

noch|mals = noch einmal, wieder

das **No|men**, die Nomen [Nomina] = das Namenwort, das Hauptwort

der **No|mi|na|tiv**, die Nominative = der Werfall, der erste Fall

der **Nor|den** = eine Himmelsrichtung

nör|geln, du nörgelst = unzufrieden sein, beanstanden

nor|mal = üblich, gewöhnlich

die **Not**, die Nöte = die Notlage, das Übel, die Krise

die **No|te**, die Noten ➤ die Schulnote, die Musiknote, die Banknote

no|tie|ren, du notierst = aufschreiben

nö|tig = erforderlich, notwendig

not|wen|dig = nötig, erforderlich

167

N n

der **No|vem|ber**
    = der elfte Monat

nu/nü

    nüch|tern = mit leerem
    Magen, nicht betrunken

die **Nu|del**, die Nudeln
    = eine Teigware

die **Null**, die Nullen
    = die Ziffer 0

die **Num|mer**, die Nummern
    (Nr.) ➤ die Handynummer,
    die Hausnummer
    num|me|rie|ren,
    du nummerierst
    = eine Nummer geben

    nun = jetzt, momentan

    nur = bloß, lediglich

    nu|scheln, ich nuschle,
    du nuschelst = undeutlich
    reden

die **Nuss**, die Nüsse
    ➤ die Haselnuss
    nut|zen [nüt|zen], du nutzt
    = gebrauchen, verwenden
    nütz|lich = brauchbar,
    förderlich

O o

oa

die **Oa|se**, die Oasen
    = eine Wasserstelle in der
    Wüste, wo Pflanzen
    wachsen

ob

    ob ➤ Er fragt, ob sie
    kommt.

    oben = oberhalb,
    in der Höhe

der **Ober**,
    die Ober
    = der Kellner

    ober|halb
    = höher
    als, über

    Ober|ös|ter|reich
    = ein Bundesland

das **Obers** = das Schlagobers,
    die Sahne

das **Ob|jekt**, die Objekte
    = die Sache, die Ergänzung

das **Obst** = die Früchte

    ob|wohl = obgleich

oc

der **Och|se**, die Ochsen
    = ein Rind

od

oder = beziehungsweise;
➤ entweder sie oder ich

of

der **Ofen**, die Öfen
= der Herd,
die Heizung

of|fen = geöffnet, aufrich-
tig, ungewiss

öf|fent|lich = allgemein,
vor aller Welt

öff|nen, du öffnest
= aufmachen, aufschließen

oft, öfter, am öftesten,
= häufig, mehrmals

oh

oh ➤ oh je, oh ja

oh|ne = außer,
ausgenommen

ohn|mäch|tig = bewusstlos

das **Ohr**, die Ohren
= das Gehör(organ)

die **Ohr|fei|ge**, die Ohrfeigen
= die Watsche

das **Ohr|läpp|chen**,
die Ohrläppchen
= ein Teil des Ohrs

ok

okay = o. k. = in Ordnung

öko|lo|gisch = die Umwelt
betreffend

der **Ok|to|ber** = der zehnte
Monat

ol/öl

das **Öl**, die Öle
= ein
Brennstoff;
➤ das Speiseöl

die **Oli|ve**, die Oliven
= eine Ölfrucht

die **Olym|pi|a|de**,
die Olympiaden
= die Olympischen Spiele,
eine Sportveranstaltung

om

die **Oma**,
die Omas
= die Großmutter

die **Ome|let|te**
[das **Ome|lett**],
die Omeletten,
[die O|me|letts]
= eine Eierspeise

der **Om|ni|bus**, die Omnibusse
= der Bus,
ein Verkehrsmittel

on

der **On|kel**, die Onkel
= der Bruder des Vaters
oder der Mutter

on|line = mit dem Internet
verbunden

O o

op

der **Opa**, die Opas
= der Großvater

das **Open-Air-Kon|zert**
[**Open|air|kon|zert**]
= das Konzert im Freien

die **Oper**, die Opern
= ein Theaterstück mit
Gesang, das Opernhaus

die **Ope|ra|ti|on**,
die Operationen
= ein medizinischer Eingriff
am Körper
ope|rie|ren,
du operierst
= eine
Operation
durchführen

der **Op|ti|ker**, die **Op|ti|ke|rin**,
die Optikerinnen
= Er/sie macht Brillen.

op|ti|mal = bestens,
bestmöglich

op|ti|mis|tisch = froh,
zuversichtlich,
hoffnungsvoll

or

oran|ge = eine Farbe;
➤ orange wie eine Orange

die **Oran|ge**, die Orangen
= eine Frucht

das **Or|ches|ter**, die Orchester
= die Musikgruppe

or|dent|lich = sauber,
anständig, richtig

die **Or|di|na|ti|on**,
die Ordinationen
= die Behandlungsräume
eines Arztes oder einer
Ärztin, die Sprechstunde

ord|nen, du ordnest
= richten, sortieren

die **Or|ga|ni|sa|ti|on**,
die Organisationen
= die Vereinigung,
die Planung

or|ga|ni|sie|ren,
du organisierst
= veranstalten, planen

die **Or|gel**, die Orgeln
= ein Musikinstrument

ori|gi|nal = echt,
nicht gefälscht

der **Or|kan**,
die Orkane
= ein sehr
starker
Sturm

der **Ort**, die Orte = der Platz,
das Dorf

die **Ort|schaft**, die Ortschaften
= der Ort, das Dorf

O o

os

der **Os|ten** = eine
Himmelsrichtung

die **Os|ter|fe|ri|en**
= die schulfreie Zeit rund
um Ostern

Os|tern = ein religiöses
Fest im Christentum

Ös|ter|reich = das Land
der Österreicherinnen

ot

der **Ot|ter**, die Otter = ein
kleines, pelziges Raubtier

die **Ot|ter**, die Ottern
= eine Schlange

ou

das **Out** = Der Ball ist
außerhalb des Spielfeldes.

ov

oval = eiförmig

der **Ove|r|all**, die Overalls
= ein einteiliger Anzug

der **Over|head|pro|jek|tor**,
die Overheadprojektoren
= der Projektionsapparat

ow

der ~~Owerol~~ → Overall

oz

der **Oze|an**, die Ozeane
= das Weltmeer

das **Ozon** = ein Gas

P p

pa/pä

paar = einige

das **Paar**,
die Paare
➤ das Ehepaar

das **Päck|chen**, die Päckchen
= ein kleines Paket

pa|cken, du packst
= ergreifen, (einen
Koffer) einräumen

das **Pa|ket**, die Pakete
= ein Bündel,
eine Postsendung

der **Pa|last**, die Paläste
= das Schloss

die **Pa|la|t|schin|ke**,
die Palatschinken
= der Pfannkuchen

die **Pal|me**, die Palmen
= ein Baum

das **Palm|kätz|chen**,
die Palmkätzchen
= ein blühender
Weidenzweig

die **Pa|nik**, die Paniken
= ein großer Schrecken

die **Pan|ne**, die Pannen = die
Störung, das Missgeschick

171

P p

der **Panter** [**Panther**], die
    Panter = eine Raubkatze
der **Pantoffel**, die Pantoffel
    = der Hausschuh
der **Panzer**, die Panzer
    = eine Rüstung,
    ein Kampffahrzeug
der **Papa**, die Papas
    = der Vater
der **Papagei**, die Papageien
    = ein Vogel
das **Papier**, die Papiere
    ➤ das Altpapier,
    das Schreibpapier
der **Pappendeckel**
    = der Pappkarton
der **Paprika**, die Paprika[s]
    = ein Gemüse
der **Papst**, die Päpste
    = das Oberhaupt
    der katholischen Kirche
die **Parade**, die Paraden
    = ein Aufmarsch
der **Paradeiser**, die
    Paradeiser = die Tomate
das **Paradies**, die Paradiese
    = der Garten von Adam und
    Eva
    parallel = zwei Linien
    mit gleichbleibendem
    Abstand zueinander

das **Parfum**,
    die Parfums
    = ein
    Duftwasser
der **Park**, die Parks
    = ein großer Garten
    parken, du parkst
    = das Auto abstellen
das **Parkett**, die Parkette
    = ein Fußboden aus Holz,
    die Sitzreihen vor der Bühne
der **Parkplatz**, die Parkplätze
    = ein Autoabstellplatz
das **Parlament**,
    die Parlamente
    = das hohe Haus, wo die
    Abgeordneten Gesetze
    beschließen
die **Partei**, die Parteien
    = eine politische Gruppe
das **Parterre** = das
    Erdgeschoß
der **Partner**, die **Partnerin**
    die Partnerinnen
    = der/die Freundin
die **Party**, die Partys
    = das Fest
der **Pass**, die Pässe
    = ein Reisedokument,
    die niedrigste Stelle eines
    Gebirgsübergangs

P p

der **Pas|sa|gier**,
die **Pas|sa|gie|rin**,
die Passagiere,
die Passagierinnen
= der Fahrgast
pas|sen, du passt
= sich eignen, behagen
pas|sie|ren, du passierst
= geschehen, vorbeigehen
pas|siv = untätig,
teilnahmslos
die **Pas|ta** [**Pas|te**], die Pasten
➤ die Zahnpasta,
die Schuhpasta
der **Pa|te**, die **Pa|tin**,
die Paten, die Patinnen
➤ der Taufpate,
die Firmpatin
der **Pa|ti|ent**, die **Pa|ti|en|tin**,
die Patienten,
die Patientinnen
= der/die Kranke
der **Pat|schen**, die Patschen
= der Hausschuh,
der Schlapfen
die ~~**Pauer**~~ → Power
die **Pau|se**, die Pausen
= eine Unterbrechung,
die Erholung
der **Pa|vi|an**, die Paviane
= eine Affenart

pc
der **PC**, die PC [PCs]
= der (Personal)
Computer
pe
das **Pech** = das Unglück, eine
Art Erdöl
das **Pe|dal**, die Pedale
= ein Fußhebel;
➤ das Gaspedal
pein|lich = unangenehm
der **Pelz**, die Pelze
= das Fell von Tieren
der **Pe|nis**,
die Penisse
= das Glied,
das männliche
Geschlechtsorgan
per|fekt = sehr gut,
hervorragend
das **Per|fekt** =
die Vergangenheit
die **Per|le**, die Perlen
➤ die Glasperle
die **Per|son**, die Personen
= ein Mensch
per|sön|lich = selbst, direkt
die **Pe|rü|cke**, die Perücken
= falsche Haare
pes|si|mis|tisch = mutlos,
bedrückt

P p

der **Pe|ter|sil** [die **Pe|ter|si|lie**]
= eine Gewürzpflanze
pet|zen, du petzt
= verraten

pf

die **Pfan|ne**,
die Pfannen
= ein flacher
Topf

der **Pfann|ku|chen**,
die Pfannkuchen
= die Palatschinke

der **Pfar|rer**, die **Pfar|re|rin**,
die Pfarrerinnen
= der/die Priesterin

der **Pfau**, die Pfaue [Pfauen]
= ein prächtiger Vogel

der **Pfef|fer** = ein Gewürz;
➤ Salz und Pfeffer

die **Pfef|fer|min|ze**
= eine Heilpflanze
pfei|fen, du pfeifst, er pfiff,
sie hat gepfiffen = mit
gespitzten Lippen einen
Ton erzeugen

der **Pfeil**,
die Pfeile
= ein
angespitzter,
dünner Stab,
eine Schusswaffe

das **Pferd**, die Pferde
= ein Tier zum Reiten

sie **pfiff** → pfeifen

Pfings|ten
= ein christliches Fest

der **Pfir|sich**, die Pfirsiche
= ein Steinobst

die **Pflan|ze**, die Pflanzen
= eine Blume, ein Baum
pflan|zen, du pflanzt
= einsetzen, anbauen

das **Pflas|ter**, die Pflaster
➤ das Heftpflaster; der
Pflasterstein

die **Pflau|me**, die Pflaumen
= die Zwetschge
[Zwetschke], ein Steinobst
pfle|gen, du pflegst
= betreuen

die **Pflicht**, die Pflichten
= der Auftrag, der Zwang
pflü|cken, du pflückst
= abreißen, ernten

der **Pflug**, die Pflüge
➤ der Schneepflug

die **Pfo|te**, die Pfoten
= der Fuß von Hunden und
ähnlichen Tieren
pfui = grauslich

das **Pfund**, die Pfunde = ein
halbes Kilo, eine Währung

pfu|schen, du pfuscht
= ohne Genehmigung
arbeiten
die **Pfüt|ze**, die Pfützen
= die Lacke

ph

das **Phan|tom**, die Phantome
= das Gespenst,
die Einbildung

pi

der **Pi|ckel**, die Pickel = das
Wimmerl, die Spitzhacke
pi|cken, du pickst = kleben
das **Pi|ckerl**, die Pickerl = der
Aufkleber
das **Pick|nick**, die Picknicks
= ein Ausflug mit Jause
piep|sen, du piepst,
er piepst = hohe, leise Töne
machen
pi|kant = gut gewürzt
die **Pil|le**, die Pillen
= die Tablette
der **Pi|lot**, die **Pi|lo|tin**,
die Piloten, die Pilotinnen
= der/die Flugzeugführerin
der **Pilz**, die Pilze
= das Schwammerl
der **Pin|gu|in**,
die Pinguine
= ein Vogel

die **Pinn|wand**, die Pinnwände
= die Anstecktafel
der **Pin|sel**, die Pinsel
➤ der Malpinsel,
der Rasierpinsel
der **Pi|rat**, die Piraten
= der Seeräuber
die **Pis|te**, die Pisten
➤ die Schipiste
die **Piz|za**, die Pizzas [Pizzen]
= ein italienisches Gericht

pk

der **Pkw**, die Pkw [Pkws]
= der Personenkraftwagen,
das Auto

pl

sich **pla|gen**, du plagst dich
= sich anstrengen
das **Pla|kat**, die Plakate
= das/der Poster
der **Plan**, die Pläne = die Karte,
das Vorhaben
pla|nen, du planst
= vorbereiten, beabsichtigen
der **Pla|net**, die Planeten
= ein Himmelskörper
das **Plas|tik**
= ein Kunststoff
das **Plas|ti|lin**
= die
Knetmasse

A B C D E F G H I J K L M N O P Q R S T U V W X Y Z

P p

platt = flach, eben

der **Platz**, die Plätze
➤ der Sitzplatz,
der Sportplatz

das **Play|back** = nicht
live gespielte
Musik

die **Play|sta|tion**
= eine Anlage für
Computerspiele

die **Plom|be**,
die Plomben
= eine
Zahnfüllung

plötz|lich = auf einmal

plump|sen, du plumpst
= fallen

plün|dern, du plünderst
= ausrauben

der **Plu|ral** = die Mehrzahl

plus = und

das **Plüsch|tier**, die Plüschtiere
= ein Spielzeug

po

po|chen, du pochst
= schlagen

das **Po|e|sie|al|bum**,
die Poesiealben
= eine Gedichtsammlung

der **Po|kal**, die Pokale
= ein Trinkgefäß, ein Preis

der **Pol**, die Pole
➤ der Nordpol, der Südpol

Po|len = ein EU-Land
in Osteuropa

die **Po|li|tik** = die Taktik,
die Beschäftigung
mit staatlichen
Angelegenheiten

die **Po|li|zei**
= die Kriminalbeamten,
die Wachleute

der **Po|li|zist**, die **Po|li|zis|tin**,
die Polizisten,
die Polizistinnen
= der Wachmann,
die Wachfrau

das
der **Pols|ter**, die Polster
[Pölster] = das Kissen

die **Pom|mes fri|tes**
= frittierte Erdäpfel

das **Po|ny**, die Ponys
= ein kleines Pferd

der **Pool**, die Pools
➤ der Swimmingpool

der **Pop** = die Popmusik

das **Pop|corn** = geplatzter
Mais zum Knabbern

der **Po|po**, die Popos
= der Po, der Hintern

die **Por|ti|on**, die Portionen
= der Anteil

P p

das **Por|trät**, die Porträts
= das Bild eines Menschen
Por|tu|gal = ein EU-Land
das **Por|zel|lan** = Daraus wird
Geschirr hergestellt.
po|si|tiv = gut, erfreulich
die **Post** = die Briefe,
das Postamt
das **Post|amt**, die Postämter
= das Postgebäude
das
der **Pos|ter**, die Poster
= das Plakat
die **Po|wer** = die Kraft
der **Po|widl** = eine Marmelade
aus Zwetschken

pr

präch|tig = sehr schön
das **Prä|di|kat**, die Prädikate
= das Zeitwort im Satz
prah|len,
du prahlst
= angeben,
aufschneiden
prak|tisch
= brauchbar, wirklich
das **Prä|sens** = die Gegenwart
der **Prä|si|dent**,
die **Prä|si|den|tin**,
die Präsidenten,
die Präsidentinnen
= der/die oberste Chefin

der **Pra|ter**
= ein Vergnügungspark
das **Prä|te|ri|tum**
= die Mitvergangenheit
die **Pra|xis**, die Praxen
= die Übung, die Ordination
der **Preis**, die Preise
= die Kosten, der Gewinn
prel|len, du prellst
= verletzen, betrügen
pres|sen, du presst
= ausdrücken,
hineindrücken, quetschen
der **Pries|ter**, die **Pries|te|rin**,
die Priesterinnen
= der/die Gottesdienerin
pri|ma = super,
hervorragend
pri|mi|tiv = einfach
der **Prinz**, die **Prin|zes|sin**,
die Prinzen,
die Prinzessinnen
= der Sohn/
die Tochter des
Königspaares
pri|vat = vertraut,
persönlich
die **Pro|be**, die Proben
= der Versuch, die Übung
pro|bie|ren, du probierst
= versuchen, kosten

177

P p

das **Pro|b|lem**, die Probleme
    = eine Schwierigkeit,
    eine Aufgabe, eine Frage
das **Pro|dukt**, die Produkte
    = das Erzeugnis, die Ware,
    das Ergebnis
der **Pro|fes|sor**,
    die **Pro|fes|so|rin**,
    die Professoren
    die Professorinnen
    = der/die Lehrerin
das **Pro|gramm**,
    die Programme
    = der Plan, der Ablauf
das **Pro|jekt**, die Projekte
    = die Absicht,
    das Vorhaben
    pro|mi|nent = berühmt
das **Pro|no|men**, die Pronomen
    = das Fürwort
das
der **Pro|s|pekt**, die Prospekte
    = der Handzettel,
    der Folder, die
    Werbeschrift
    pro|tes|tie|ren,
    du protestierst
    = dagegenreden
    prü|fen, du prüfst
    = kontrollieren, testen
die **Prü|fung**, die Prüfungen
    = die Kontrolle

prü|geln, du prügelst
    = schlagen
pu/pü
die **Pu|ber|tät** = die Reifezeit
    vom Kind zum
    Erwachsenen
das **Pu|b|li|kum**
    = die Zuschauerinnen
der **Pud|ding**, die Puddinge
    = eine Süßspeise
der **Pu|del**, die Pudel
    = eine kleine Hundeart
der ~~Pul~~ → Pool
der **Pul|lo|ver**, die Pullover
    = eine warme
    Oberbekleidung
der **Puls**, die Pulse
    = das Pochen des Blutes,
    das man durch die Haut
    fühlt
der **Punkt**, die Pun|kte = •
    ➤ der Mittelpunkt,
    der Doppelpunkt
    pünkt|lich
    = zur vereinbarten Zeit,
    rechtzeitig
die **Pu|pil|le**, die Pupillen
    = der schwarze Kreis
    in der Mitte des Auges
die **Pup|pe**, die Puppen
    = ein Spielzeug

P p

178

das **Pü|ree**, die Pürees
= der Brei
der **Pur|zel|baum**,
die Purzelbäume
= die Rolle vorwärts
put|zen, du putzt
= reinigen, säubern
das **Puzz|le**, die Puzzles
= ein Spiel

py

der **Py|ja|ma**, die Pyjamas
= der Schlafanzug
die **Py|ra|mi|de**, die Pyramiden
= ein königliches
Grab im alten
Ägypten

Q q

qua

das **Qua|drat**, die Quadrate
= ein Rechteck mit gleich
langen Seiten
qua|ken, du quakst
➤ Ein Frosch quakt.
die **Qual**, die Qualen = das
Leid, der Schmerz
quä|len, du quälst
= misshandeln
die **Qua|li|tät**, die Qualitäten
= der Wert

die **Qual|le**, die Quallen
= ein Meerestier
der **Qualm**
= der Rauch
der **Quark**
= der Topfen,
ein Unsinn
das **Quar|tett** = ein Kartenspiel
zu viert, vier Musiker innen,
ein Musikstück
quat|schen, du quatsch(s)t
= tratschen

que

die **Quel|le**, die Quellen
= der Ursprung
quer [**quer**] = durch, schief
quet|schen, du quetsch(s)t
= drücken, pressen

qui

quiet|schen,
du quietsch(s)t
➤ Die Reifen quietschen.
quitt = einig
das
der **Quiz**, die Quiz
= das Frage-und-Antwort-
Spiel

179

Q q

R r

ra/rä

der **Ra|batt**, die Rabatte
= der Preisnachlass
der **Ra|be**, die Raben
= ein Vogel
sich **rä|chen**, du rächst dich
= heimzahlen, vergelten
das **Rad**, die Räder
➤ das Fahrrad
Rad fahren, du fährst Rad
→ fahren; = radeln
das **Ra|dar** = Funkwellen
Mit dem Radar kann man
Flugzeuge in der Luft
auffinden.
der **Rad|fah|rer**,
die **Rad|fah|re|rin**,
die Radfahrer*innen*
= der/die Radler*in*
ra|die|ren, du radierst
= auslöschen
der **Ra|dier|gum|mi**,
die Radiergummis
= der Radierer
das **Ra|dies|chen**,
die Radieschen
= ein Gemüse
das **Ra|di|o**, die Radios

raf|fi|niert = geschickt,
schlau
das **Raf|ting** = das Wildwasser-
Bootfahren
der **Rahm** ➤ der Sauerrahm
der **Rah|men**, die Rahmen
➤ der Bilderrahmen
die **Ra|ke|te**, die Raketen
= ein Feuerwerkskörper, ein
Raumschiff
die **Ral|lye**, die Rallyes
= ein Wettrennen
der **Rand**, die Ränder
= die Begrenzung,
die Kante
der **Rang**, die Ränge
= ein Platz
es **rann** → rinnen
sie **rann|te** → rennen
ran|zig = verdorben,
ungenießbar
der **Raps**
= eine Ölpflanze
rasch = schnell,
geschwind
ra|scheln, du raschelst
= knistern
ra|sen, du rast
= schnell fahren, toben
der **Ra|sen**, die Rasen
= die Grasfläche

sich **ra|sie|ren**, du rasierst dich
= die Barthaare entfernen

die **Ras|sel**, die Rasseln
= ein Spielzeug,
ein Musikinstrument

ras|ten, du rastest
= eine Pause machen,
Halt machen

der **Rat** = der Ratschlag,
die Empfehlung,
der Hinweis, der Beirat
eine Kommission

die **Ra|te**,
die Raten
= ein Teil
einer Geldsumme,
die man
zurückzahlen muss

die ~~Rate~~ → Ratte

ra|ten, du rätst, er riet,
sie hat geraten = einen Rat
geben, ein Rätsel lösen

der **Rat|schlag**, die
Ratschläge = die
Empfehlung,
ein Vorschlag

das **Rät|sel**, die Rätsel
➤ das Bilderrätsel,
das Kreuzworträtsel

die **Rat|te**, die Ratten
= ein Nagetier

rau, rauer, am rau[e]sten
= nicht glatt, streng,
unfreundlich

rau|ben, du raubst
= stehlen

der **Räu|ber**, die **Räu|be|rin**
die Räuberinnen = jemand,
der etwas mit Gewalt
entwendet

der **Rauch** = der Qualm,
der Dampf

rau|chen,
du rauchst
= qualmen

der **Rauch|fang**,
die Rauchfänge
= der Schornstein

der ~~Raudi~~ → Rowdy

rau|fen, du raufst
= sich schlagen

der **Raum**, die Räume
= das Zimmer;
➤ der Weltraum

die **Raum|fahrt**
= die Reisen ins All

die **Rau|pe**, die Raupen
= eine Entwicklungsstufe
der Insekten

raus = heraus, hinaus

der **Rausch**, die Räusche
= die Betrunkenheit

181

R r

re

re|a|gie|ren, du reagierst
= antworten, erwidern
die **Re|ak|ti|on**, die Reaktionen
= das Verhalten,
die Antwort
rech|nen,
du rechnest
= ausrechnen,
vermuten,
schätzen
recht = passend, richtig
das **Recht**, die Rechte
= das Gesetz,
der Anspruch

*Du kannst groß oder klein
schreiben: Sie hat **recht/
Recht**. Ich gebe
ihm **recht/Recht**.
Nur groß schreibst du: Er
tut das **Rechte**. Sie sieht
nach dem **Rechten**.*

rechts ➤ rechts abbiegen
der **Rechts|an|walt**,
die **Rechts|an|wäl|tin**,
die Rechtsanwälte,
die Rechtsanwältinnen
= eine Juristin
die **Recht|schrei|bung**
= die richtige Schreibung
der Wörter

recht|zei|tig = zur rechten
Zeit, pünktlich
das **Re|cyc|ling** = das
Wiederverwerten
von Müll
re|den, du redest
= sprechen, sagen,
sich äußern
der **Re|f|rain**, die Refrains
= eine wiederkehrende
gereimte Strophe
das **Re|gal**, die Regale
➤ das Bücherregal
die **Re|gel**, die Regeln
= die Vorschrift, das Gesetz
re|gel|mä|ßig
= immer wieder, oft
der **Re|gen**, die Regen
= der Niederschlag
re|gie|ren, du regierst
= herrschen
die **Re|gie|rung**,
die Regierungen
= die Herrschaft,
die Staatsmacht
reg|nen, es regnet
= tröpfeln, gießen
das **Reh**, die Rehe = ein Tier
rei|ben, du reibst, er rieb,
sie hat gerieben
= schrubben, kratzen

reich = wohlhabend,
nicht arm
rei|chen, du reichst
= geben
reich|lich = sehr, viel
reif = erfahren, genießbar
der **Rei|fen**, die Reifen
➤ der Autoreifen,
der Armreifen
die **Rei|he**, die Reihen
= die Anzahl, die Menge,
die Menschenschlange
der **Reim**, die Reime = gleich
klingende Wörter
rein = sauber, natürlich
rei|ni|gen,
du reinigst
= säubern,
putzen
rein|kom|men, du kommst
rein → kommen; = eintreten
der **Reis** ➤ der Milchreis
die **Rei|se**, die Reisen
= die Fahrt, der Ausflug
rei|sen, du reist, er reiste,
sie ist gereist = eine Reise
machen, fahren
rei|ßen, du reißt, er riss,
sie hat gerissen
= heftig ziehen, zerren,
auseinandergehen

der **Reiß|ver|schluss**,
die Reißverschlüsse
= der Zipp
rei|ten, du reitest, er ritt,
sie ist geritten = sich auf
einem Pferd fortbewegen
die **Re|kla|me**, die Reklamen
= die Werbung
der **Re|kord**, die Rekorde
= eine Höchstleistung
re|la|tiv = vergleichsweise,
bedingt
re|la|xen,
du relaxt
= sich
entspannen
die **Re|li|gi|on**, die Religionen
= eine Glaubenslehre
ren|nen, du rennst,
er rannte, sie ist gerannt
= laufen, rasen, eilen
re|no|vie|ren, du renovierst
= erneuern, ausbessern
die **Re|pa|ra|tur**,
die Reparaturen
= einen Schaden beheben
re|pa|rie|ren, du reparierst
= ausbessern,
wiederherstellen
die **Re|pu|blik**, die Republiken
= eine Staatsform

R r

re|ser|vie|ren,
du reservierst
= vorbestellen, freihalten
der **Re|s|pekt** = die Achtung
der **Rest**, die Reste
= das Überbleibsel,
der Rückstand
das **Re|s|tau|rant**, die
Restaurants
= ein Gasthaus
re|tour = zurück
ret|ten, du rettest
= erlösen, in Sicherheit
bringen
die **Ret|tung**, die Rettungen
= die Befreiung,
der Unfallwagen
der **Re|vol|ver**, die Revolver
= eine Schusswaffe
das **Re|zept**, die Rezepte
➤ das Kochrezept,
das Medikamentenrezept

rhy
der **Rhyth|mus**, die Rhythmen
= regelmäßige Töne oder
Bewegungen

ri
die **Ri|bi|sel**,
die Ribiseln
= die
Johannisbeere

rich|ten, du richtest
= ausbessern,
bereitmachen, in eine
Richtung bringen,
verurteilen
der **Rich|ter**, die **Rich|te|rin**,
die Richterinnen
= eine Juristin
rich|tig = fehlerlos, wahr,
zutreffend, passend
die **Rich|tung**, die Richtungen
= der Weg, der Kurs
er **rieb** → reiben
rie|chen, du riechst,
er roch, sie hat gerochen
= duften,
schnüffeln
er **rief** → rufen
der **Rie|se**,
die Riesen
= eine
sehr
große
Märchenfigur
rie|seln, du rieselst
= fließen, rinnen
rie|sig = sehr groß
sie **riet** → raten
~~ri|le|xen~~ → relaxen
das **Rind**, die Rinder = die Kuh,
der Stier, das Kalb

R r

die **Rin|de**, die Rinden
➤ die Baumrinde,
die Brotrinde
der **Ring**, die Ringe
= ein Schmuck,
ein Kampfplatz
➤ der Jahresring
rin|nen, es rinnt, er rann,
es ist geronnen = fließen
das ~~Ri|sei|klin~~ → Recycling
das **Ri|si|ko**, die Risken
[Risiken]
= das Wagnis
ris|kie|ren, du riskierst
= wagen
er **riss** → reißen
sie **ritt** → reiten
der **Rit|ter**, die Ritter = ein
Kämpfer mit Schwert und
Pferd aus dem Mittelalter
rit|zen, du ritzt
= eingravieren
ro/rö
der **Ro|bo|ter**,
die Roboter
= eine
menschenähnliche
Maschine
er **roch** → riechen
der **Rock**, die Röcke
= ein Kleidungsstück

die **Ro|del**,
die Rodeln
= der Schlitten
ro|deln,
du rodelst
= Schlitten
fahren
der **Rog|gen** = ein Getreide
roh = nicht gekocht, grob,
unbearbeitet
das **Rohr**, die Rohre
➤ das Fernrohr,
das Backrohr
rol|len, du rollst = kullern,
kugeln
der **Rol|ler**, die Roller
= der Tretroller
die **Rol|ler|blades**
= die Rollerskates,
die Rollschuhe
die **Rol|ler|skates**
= die Rollerblades,
die Rollschuhe
der **Ro|man**, die Romane
= eine lange Erzählung,
eine Geschichte
rönt|gen, du röntgest
= durchleuchten
ro|sa = eine Farbe;
➤ rosa wie ein
Glücksschwein

R r

die **Ro|se**, die Rosen
= eine Blume

die **Ro|si|ne**, die Rosinen
= getrocknete Weintrauben

der **Rost** = ein Belag auf altem
Metall; ➤ der Bratrost
ros|ten, du rostest = Rost
bekommen
rös|ten, du röstest = braten
rot, rö|ter [ro|ter], am
rötesten = eine Farbe;
➤ rot wie Blut

das **Rot|käpp|chen**
= eine
Märchenfigur

der **Row|dy**, die
Rowdys = der Raufbold

ru/rü
rü|ber = herüber, hinüber
rü|cken, du rückst
= verschieben, bewegen

der **Rü|cken**, die Rücken
= ein Körperteil,
die Rückseite

der **Ruck|sack**, die Rucksäcke
= eine Tasche für den
Rücken

die **Rück|sicht** = die Achtung
rück|sichts|los = ohne
Rücksicht
rück|wärts = nach hinten

das **Ru|der**, die Ruder = eine
Holzstange mit breitem,
flachem Ende zur
Bootsfahrt, das Steuer
ru|fen, du rufst, er rief,
sie hat gerufen
= schreien, brüllen

das **Ruf|zei|chen**,
die Rufzeichen = !
= ein Satzzeichen

die **Ru|he** = die Stille,
die Erholung
ru|hig = still, leise

der **Ruhm** = das Lob, die Ehre
rüh|ren, du rührst
= vermischen, zu Herzen
gehen
sich **rüh|ren**, du rührst dich
= sich bewegen

die **Ru|i|ne**,
die Ruinen
= die Trümmer
rum = herum
Ru|mä|ni|en = ein Land in
Südosteuropa

der **Rumpf**, die Rümpfe
= der Körper ohne Kopf,
Hals und Gliedmaßen;
➤ der Schiffsrumpf
rund, runder, am
rundesten = kreisförmig

die **Run|de**, die Runden
= die Gruppe, der Kreis
rund|he|r|um = von allen
Seiten
run|ter = herunter
rup|fen, du rupfst
= ausreißen, herausziehen
der **Rüs|sel**,
die Rüssel
= die lange
Nase
von Tieren

Russ|land = ein Land in
Europa und Asien
der ~~Rüt|mus~~ → **Rhythmus**
die **Rut|sche**, die Rutschen
= ein Spielgerät
rüt|teln, du rüttelst
= schütteln

S s

sa/sä

der **Saal**, die Säle = ein großer
Raum
die **Sa|che**, die Sachen = das
Ding, die Angelegenheit
sach|lich = klar, logisch,
nicht subjektiv
säch|lich = nicht weiblich,
nicht männlich

der **Sack**, die Säcke
= der Beutel
der **Safe**, die Safes
= der Geldschrank
der **Saft**, die Säfte
= ein Fruchtgetränk;
➤ der Bratensaft
saf|tig = voller Saft, nicht
trocken
die **Sa|ge**, die Sagen
= ein Märchen
die **Sä|ge**, die Sägen
= ein Werkzeug
sa|gen, du sagst
= sprechen, meinen,
bemerken
er **sah** → sehen
die **Sah|ne** = das Obers, der
Schlag
die **Sai|son**, die Saisonen
= die Hauptzeit
die **Sai|te**, die Saiten
➤ die Gitarrensaite
die ~~Saite~~ → Seite
die **Sa|la|mi**,
die Salamis
= eine Wurst
der **Sa|lat**,
die Salate
➤ der Gurkensalat,
der Kabelsalat

S s

die **Sal|be**, die Salben = die
Creme, ein Medikament

der **Sal|to**, die Saltos = ein
Purzelbaum in der Luft

das **Salz**, die Salze = ein
Gewürz; ➤ Salz und
Pfeffer

Salz|burg = ein
Bundesland und seine
Hauptstadt

sal|zig = gesalzen,
versalzen

das **Salz|stan|gerl**, die
Salzstangerl = ein Gebäck

der **Sa|me[n]**, die Samen = der
Keim; ➤ der Blumensamen

sam|meln, du sammelst
= aufheben,
zusammentragen

der **Sams|tag**, die Samstage
= der sechste Wochentag

sams|tags = jeden
Samstag

samt = mit

der **Samt**, die Samte
= ein Stoff

der **Sand**, die Sande
= winzige Körner aus Stein

die **San|da|le**, die Sandalen
= ein Sommerschuh

sie **sand|te** → senden

das
der **Sand|wich**,
die Sandwiche[s]
= ein
belegtes
Weißbrot

sanft = gütig, freundlich

er **sang** → singen

der **Sän|ger**, die **Sän|ge|rin**,
die Sängerinnen
= der Popstar,
➤ der/die Opernsängerin

der **Sa|ni|tä|ter**,
die **Sa|ni|tä|te|rin**,
die Sanitäterinnen
= der/die Krankenpflegerin

sie **sank** → sinken

Sankt Pöl|ten (**St. Pölten**)
= die Hauptstadt von
Niederösterreich

er **saß** → sitzen

der **Sa|tel|lit**, die Satelliten
= ein Flugkörper, der die
Erde umkreist

satt = voll, genug, nicht
mehr hungrig

der **Sat|tel**, die Sättel
= der Sitz auf einem Pferd
oder einem Fahrrad

der **Satz**, die Sätze
= ein Sprung;
➤ der Hauptsatz

S s

die **Sau**, die Säue [Sauen]
= das weibliche Schwein
sau|ber = rein(lich), frisch
sau|ber ma|chen,
[**sau|ber|ma|chen**], du
machst sauber = säubern,
putzen, reinigen
die **Sau|ce** [**So|ße**],
die Saucen = der
(Braten-)Saft;
➤ die Schwammerlsauce
sau|er = schlecht,
mühsam, verärgert
sau|fen, du säufst, er soff,
sie hat gesoffen
= viel trinken
das **Säu|ge|tier**, die Säugetiere
= ein Tier, das seine
Jungen mit eigener Milch
ernährt
die **Sau|na**, die Saunas
[Saunen] = ein Schwitzbad
der ~~Saund~~ → der Sound
der **Sau|ri|er** = eine
ausgestorbene Tierart
sau|sen, du saust
= schnell laufen,
fahren, fallen
das **Sa|xo|fon** [**Sa|xo|phon**],
die Saxofone
= ein Blasinstrument

scan|nen, du scannst
= ein Objekt
mit einem
Lichtstrahl
abtasten
und für den
Computer lesbar machen
der **Scan|ner**, die Scanner
= ein Gerät, das scannt

schä|big = abgenutzt,
gemein
die **Scha|b|lo|ne**, die
Schablonen = eine Vorlage,
ein Muster
das **Schach** = ein Brettspiel
der **Schacht**, die Schächte
= ein Tunnel
die **Schach|tel**, die Schachteln
= der Karton,
die Verpackung
scha|de = leider,
bedauerlicherweise
der **Schä|del**, die Schädel
= der Kopf
der **Scha|den**, die Schäden
= der Fehler, die Störung,
der Defekt
schäd|lich = ungesund,
schlecht

S s

das **Schaf**, die Schafe = ein
Haustier, das Wolle gibt
schaf|fen (1), du schaffst,
er schaffte, sie hat
geschafft
= arbeiten, vollbringen
schaf|fen (2), du schaffst,
er schuf, sie hat geschaffen
= ein Kunstwerk machen
der **Schaff|ner**,
die **Schaff|ne|rin**,
die Schaffnerinnen
= der/die Zugbegleiterin
der **Schal**,
die Schale
[Schals]
= ein langes
Tuch für
den Hals
die **Scha|le**, die Schalen
= die Schüssel, die Hülle,
das Gehäuse
schä|len, du schälst
= abziehen, häuten
der **Schal|ter**, die Schalter
➤ der Kartenschalter,
der Lichtschalter
das **Schalt|jahr**, die
Schaltjahre = ein Jahr mit
366 statt 365 Tagen
die ~~Scha|lu|si~~ → Jalousie

sich **schä|men**, du schämst
dich = sich genieren, rot
werden
das ~~Scham|po~~ → Shampoo
die **Schan|de** = der Skandal,
die Kränkung
die **Schan|ze**, die Schanzen
➤ die Sprungschanze
die ~~Schans~~ → Chance
die **Schar**, die Scharen = die
Gruppe, die Herde
scharf, schärfer, am
schärfsten = stark gewürzt,
gut schneidend, deutlich
der **Schat|ten**, die Schatten
= das Schattenbild, die
Dunkelheit
der **Schatz**,
die Schätze
= das
Vermögen,
der Liebling
schau|en, du schaust
= sehen, blicken,
betrachten
die **Schau|fel**, die Schaufeln
= ein Werkzeug
die **Schau|kel**, die Schaukeln
= die Wippe, die Hutsche
schau|keln, du schaukelst
= hutschen

S s

190

der **Schaum**, die Schäume
➤ das Schaumbad
der **Schau|spie|ler**,
die **Schau|spie|le|rin**,
die Schauspielerinnen
= der/die Darstellerin

sche

der **Scheck**, die Schecks
= das Papier, auf das du
den Betrag schreibst, den
die Bank von deinem Konto
jemandem anderen
ausbezahlt
der ~~Schef~~ → Chef
die **Scheibe**,
die Scheiben
➤ die Apfelscheibe,
die Fensterscheibe
die **Scheib|tru|he**,
die Scheibtruhen
= der Schubkarren
die **Schei|de**, die Scheiden
= die Vagina, das weibliche
Geschlechtsorgan
schei|den, du scheidest,
er schied, sie ist
geschieden = trennen,
Abschied nehmen
die **Schei|dung**,
die Scheidungen
= die Trennung

der **Schein**, die Scheine
➤ der Geldschein,
der Sonnenschein
schein|bar = nicht wirk-
lich, angeblich
schei|nen, du scheinst, er
schien, sie hat geschienen
= leuchten, strahlen,
so aussehen
der **Schen|kel**,
die Schenkel
➤ der
Oberschenkel
schen|ken, du schenkst
= geben, ein Geschenk
machen, spenden
die **Scher|be**, die Scherben
= der Splitter,
das Bruchstück
die **Sche|re**, die Scheren
= ein Werkzeug
der ~~Sche|rif~~ → She|riff
der **Scherz**, die Scherze
= der Spaß, der Witz,
der Streich
scheu = schüchtern,
ängstlich
die **Scheu|ne**, die Scheunen
= der Schuppen, der Stadel
scheuß|lich = schlecht,
hässlich

191

S s

schi

der **Schi** [Ski], die Schi(er)
= ein Sportgerät
Schi fahren, du fährst
Schi = Schi laufen
die **Schicht**, die Schichten
= eine Arbeitszeit, ein
Überzug, eine
Personengruppe
schick [chic] = elegant,
modern
schi|cken, du schickst
= senden, weiterleiten
das **Schick|sal**, die Schicksale
= die Bestimmung, das Los
schie|ben, du schiebst, er
schob, sie hat geschoben
= rücken, rollen
der **Schieds|rich|ter**,
die **Schieds|rich|te|rin**,
die Schiedsrichterinnen
= eine unparteiische
Person, die einen
Wettkampf überwacht
schief = schräg, krumm,
nicht gerade
schie|len,
du schielst
= schlecht
sehen

er **schien** → scheinen

das **Schien|bein**,
die Schienbeine = ein Teil
des Beins
die **Schie|ne**, die Schienen
= das Gleis für die Bahn
schie|ßen, du schießt,
er schoss, sie hat
geschossen
= werfen, feuern
das **Schiff**, die Schiffe
= ein Wasserfahrzeug
das **Schild**, die Schilder
➤ das Namensschild,
das Verkehrsschild
der **Schild**, die Schilde ➤ der
Kampfschild eines Kriegers
schil|dern, du schilderst
= erzählen, beschreiben
die **Schild|krö|te**,
die Schildkröten
= ein Reptil
der **Schil|ling**, die Schillinge
[Schilling] = unsere
Währung vor dem Euro
schim|meln, du
schimmelst = faulen
der **Schim|pan|se**, die
Schimpansen = ein Affe
schimp|fen, du schimpfst
= schelten,
heruntermachen

S s

der **Schin|ken**, die Schinken
= ein mageres Fleischstück

der **Schirm**, die Schirme
➤ der Regenschirm,
der Sonnenschirm

schl

die **Schlacht**, die Schlachten
= der Kampf, das Gefecht

schlach|ten,
du schlachtest
= töten, umbringen

der **Schlaf** = die Nachtruhe,
das Nickerchen

schla|fen,
du schläfst,
er schlief,
sie hat
geschlafen
= schlummern,
schnarchen, übernachten

schlaff = lose, nicht steif,
nicht fest

der **Schlag** = das
Schlagobers, die Sahne

der **Schlag**, die Schläge
= der Hieb, der Stoß,
das Unglück
➤ der Glockenschlag

schla|gen, du schlägst, er
schlug, sie hat geschlagen
= hauen, prügeln

das **Schlag|obers**
= der Schlag, die Sahne

der **Schlamm**, die Schlamme
[Schlämme]
= der Matsch,
der Gatsch,
der Schmutz

schlam|pig = unordent-
lich, nachlässig

die **Schlan|ge**, die Schlangen
= ein Kriechtier

schlank = dünn, schmal,
nicht dick

das **Schla|raf|fen|land** = ein
Land aus dem Märchen

schlau = intelligent,
gescheit

der **Schlauch**, die Schläuche
= ein biegsames Rohr

schlecht = mies,
ungenießbar

schle|cken, du schleckst
= lutschen

schlei|chen, du schleichst,
er schlich, sie ist geschli-
chen = leise gehen

der **Schle|ier**, die Schleier
= die Verhüllung

die **Schlei|fe**, die Schleifen
= die Schlinge;
➤ die Kranzschleife

S s

schlei|fen (1), du schleifst, er schleifte, sie hat geschleift = ziehen

schlei|fen (2), du schleifst, er schliff, sie hat geschliffen = schärfen, glätten

der **Schleim**, die Schleime = der Auswurf, der Brei

schlep|pen, du schleppst = tragen

schleu|dern, du schleuderst = werfen, schwanken

schleu|nigst = schnell, rasch

sie **schlich** → schleichen

er **schlief** → schlafen

schlie|ßen, du schließt, er schloss, sie hat geschlossen = zumachen, zusperren

schließ|lich = endlich, am Schluss

er **schliff** → schleifen

schlimm = ungezogen, nicht brav, arg

der **Schlin|gel**, die Schlingel = der Lausbub

der **Schlit|ten**, die Schlitten = die Rodel

der **Schlitt|schuh**, die Schlittschuhe = der Eislaufschuh

das **Schloss**, die Schlösser = der Palast, eine Vorrichtung zum Versperren

er **schloss** → schließen

schlot|tern, du schlotterst = zittern, frieren

die **Schlucht**, die Schluchten = der Abgrund, die Klamm

schluch|zen du schluchzt = weinen

der **Schluck**, die Schlucke
➤ einen Schluck (= ein wenig) Wasser trinken

schlu|cken, du schluckst = einnehmen

sie **schlug** → schlagen

schlüp|fen, du schlüpfst = durchrutschen, herauskriechen

schlür|fen, du schlürfst = geräuschvoll trinken

der **Schluss**, die Schlüsse = das Ende, die Folgerung

der **Schlüs|sel**, die Schlüssel
➤ der Türschlüssel

S s

schm

schmack|haft
= köstlich

der **Schmäh**,
die Schmähs
= ein Witz

schmal, schmäler
[schmaler], am schmälsten
= eng, schlank, mager,
dünn

das **Schmalz**
= das Schweinefett

der **Schmar|ren**, die
Schmarren = eine Speise,
der Unsinn

schmat|zen, du schmatzt
= geräuschvoll essen

schme|cken, du
schmeckst = eine Speise
gut finden, zusagen

schmei|cheln, du
schmeichelst = loben,
schöntun

schmei|ßen, du schmeißt,
er schmiss, sie hat
geschmissen = werfen,
schießen

schmel|zen, du schmilzt,
er schmolz, sie ist
geschmolzen = flüssig
werden, sich auflösen

der **Schmerz**, die Schmerzen
= das Leiden

der **Schmet|ter|ling**, die
Schmetterlinge = ein Insekt
mit schönen Flügeln

der **Schmied**, die **Schmie|din**,
die Schmiede,
die Schmiedinnen
= jemand, der Metall
bearbeitet

schmie|ren, du schmierst
= ölen, einfetten,
unleserlich schreiben

die **Schmin|ke**, die Schminken
= kosmetische Mittel wie
Lippenstift und Puder,
Schönheitsmittel

schmin|ken, du schminkst
= Schminke auftragen

er **schmiss** → schmeißen

der **Schmuck** = die
Dekoration, ein Ring,
eine Kette

schmü|cken,
du schmückst
= verschönern,
dekorieren

schmug|geln,
du schmuggelst = ohne
Erlaubnis in ein Land ein-
oder ausführen

195

S s

schmun|zeln,
du schmunzelst
= lächeln
schmu|sen,
du schmust
= küssen
der **Schmutz** = der Dreck,
der Staub
schmut|zig = dreckig,
staubig

schn

der **Schna|bel**, die Schnäbel
= das Maul eines Vogels
die **Schnal|le**, die Schnallen
= die Klinke, der Griff,
die Spange
schnal|zen, du schnalzt
= schnipsen
schnap|pen, du schnappst
= ergreifen, zubeißen
der **Schnaps**, die Schnäpse
= ein Getränk mit Alkohol
schnar|chen, du
schnarchst = geräuschvoll
schlafen
schnat|tern, du schnatterst
➤ Die Gans schnattert.
schnau|fen, du schnaufst
= geräuschvoll atmen
die **Schnau|ze**, die Schnauzen
= die Nase eines Tieres

sich **schnäu|zen**, du schnäuzt
dich = sich die Nase putzen
die **Schne|cke**, die Schnecken
= ein Weichtier
der **Schnee**
➤ die Schneeflocke,
der Pulverschnee
schnei|den, du schnei-
dest, er schnitt, sie hat
geschnitten = zerteilen,
sägen, mähen
der **Schnei|der**,
die **Schnei|de|rin**
die Schneiderinnen
= der/die Kleidermacher*in*
schnei|en, es schneit
= Es fällt Schnee.
schnell = rasch,
geschwind, nicht langsam
sie **schnitt** → schneiden
der **Schnitt|lauch**
= ein Gewürz,
ein Gemüse
das **Schnit|zel**,
die Schnitzel
= ein Fleischgericht
schnit|zen, du schnitzt
= Holz bearbeiten
der **Schnor|chel**,
die Schnorchel = ein Rohr
zum Luftholen unter Wasser

S s

schnor|cheln,
du schnorchelst = tauchen

schnüf|feln, du schnüffelst
= riechen

der **Schnul|ler**, die Schnuller
= der Sauger für das Baby

der **Schnup|fen** = eine
Verkühlung

schnup|pern, du
schnupperst = beriechen

die **Schnur**, die Schnüre
= ein dünnes
Seil

schnur|ren,
du schnurrst
➤ Die Katze
schnurrt.

scho

die **Scho** → Show

er **schob** → schieben

der **Schock**, die Schocks
= das Entsetzen

die **Scho|ko|la|de**, die
Schokoladen = eine
Süßigkeit

schon = bereits

schön
= hübsch,
fesch,
nicht
hässlich

scho|nen, du schonst
= behüten, Rücksicht
nehmen

schopen → shoppen

das **Schoping|sen|ter**
→ Shoppingcenter

der **Schorn|stein**, die
Schornsteine = der Kamin,
der Rauchfang

die **Schorts** → Shorts

der **Schoß**, die Schöße
= der Unterleib

er **schoss** → schießen

der **Schot|ter** = der Kies

schr

schräg = schief, ungerade,
geneigt

die **Schram|me**,
die Schrammen
= eine leichte Verletzung

der **Schrank**, die Schränke
= der Kasten

der **Schran|ken**,
die Schranken
= eine Absperrung

die **Schrau|be**, die Schrauben
= ein Metallstift mit
Gewinde

schrau|ben, du schraubst
= eine Schraube rein- oder
rausdrehen

197

S s

der **Schre|ber|gar|ten**,
die Schrebergärten
= ein kleiner Garten mit
einem Häuschen

der **Schreck** [**der Schre|cken**]
= das Entsetzen

schre|cken, du schreckst
= ängstigen,
entmutigen

schreck|lich
= furchtbar,
scheußlich

der **Schrei**, die Schreie
= der laute Ruf

schrei|ben, du schreibst,
er schrieb, sie hat
geschrieben = notieren,
verfassen

schrei|en, du schreist, er
schrie, sie hat geschrieen
= rufen, brüllen

er **schrie** → schreien

er **schrieb** → schreiben

die **Schrift**, die Schriften
= die Zeichen, in denen die
Sprache aufgeschrieben
wird

der **Schrift|stel|ler**,
die **Schrift|stel|le|rin**,
die Schriftstellerinnen
= der/die Autorin

schrill = lautstark, grell

der **Schritt**, die Schritte
= der Gang, der Tritt

schroff = rau, grob,
unhöflich

schrub|ben, du schrubbst
= putzen

schrump|fen, du
schrumpfst = kleiner
werden, eingehen

schu

der **Schub|kar|ren**, die
Schubkarren = die
Scheibtruhe

die **Schub|la|de**, die
Schubladen
= das (Schub-)Fach

der **Schubs**, die Schubse
= ein Ruck, ein Stoß

schub|sen,
du schubst
= stoßen

schüch|tern
= ängstlich,
scheu,
mutlos

schuf|ten, du schuftest
= hart arbeiten

der **Schuh**, die Schu|he

die **Schuld** = das Unrecht,
der Fehler

S s

> *Du schreibst groß: Ich*
> *habe **Schuld**. Du gibst mir*
> *die **Schuld**.*
> *Du schreibst klein:*
> *Ich bin **schuld**.*

die **Schulden** = Geld, das
man zurückzahlen muss
schul|dig = schuldhaft,
verantwortlich
die **Schu|le**, die Schulen = der
Unterricht, das Schulhaus
der **Schü|ler**, die **Schü|le|rin**,
die Schülerinnen
die **Schul|ter**,
die Schultern
= der Teil
des Körpers
an dem die
Arme ansetzen
schum|meln,
du schummelst
= schwindeln, abschauen,
mogeln
die **Schup|pe**, die Schuppen
= Sie bilden die Haut von
Fischen und Kriechtieren.
der **Schup|pen**, die Schuppen
= der Geräteraum,
die Hütte
die **Schür|ze**, die Schürzen
➤ die Küchenschürze

der **Schuss**, die Schüsse
= das
Abfeuern
einer Kugel
oder eines
Balles
die **Schüs|sel**, die Schüsseln
= eine Schale
der **Schus|ter**,
die **Schus|te|rin**,
die Schusterinnen
= der/die Schuhmacherin
schüt|teln, du schüttelst
= rütteln, hin und her bewegen
schüt|ten, du schüttest
= leeren, gießen
schüt|zen, du schützt
= behüten

schw

schwach, schwächer, am
schwächsten = kraftlos
der **Schwa|ger**, die Schwager
= der Mann der Schwester,
der Bruder der Ehefrau
die **Schwä|ge|rin**, die
Schwägerinnen = die Frau
des Bruders, die Schwester
der Ehefrau
die **Schwal|be**, die Schwalben
= ein Vogel

S s

er **schwamm** → schwimmen

der **Schwamm**, die
   Schwämme ➤ der
   Tafelschwamm

das **Schwam|merl**, die
   Schwammerl = der Pilz

der **Schwan**, die Schwäne
   = ein Schwimmvogel
   schwan|ger = ein Kind
   erwartend

der **Schwanz**,
   die
   Schwänze
   = der Schweif
   schwän|zen, du schwänzt
   = nicht teilnehmen,
   abwesend sein

der **Schwarm**, die Schwärme
   = die Gruppe, die Schar,
   der Liebling
   schwär|men, du
   schwärmst = bewundern,
   loben, fliegen
   schwarz, schwärzer, am
   schwärzesten = eine Farbe;
   ➤ schwarz wie Kohle
   schwät|zen, du schwätzt
   = tratschen
   schwe|ben, du schwebst
   = fliegen
   Schwe|den = ein EU-Land

schwei|gen, du schweigst,
   er schwieg, sie hat
   geschwiegen = nichts
   sagen, stumm bleiben

das **Schwein**, die Schweine
   = die Sau, der Eber und die
   Ferkel

der **Schweiß** = das Wasser
   auf unserer Haut, wenn wir
   herumgetobt haben
   schwei|ßen, du schweißt
   = verbinden

die **Schweiz** = ein
   Nachbarland
   schwel|len, du schwillst,
   er schwoll, sie ist
   geschwollen
   = sich verdicken, größer
   werden

die **Schwel|lung**,
   die Schwellungen
   = die Beule
   schwer = schwierig,
   kompliziert, nicht leicht

das **Schwert**, die Schwerter
   = eine Waffe aus Metall

die **Schwes|ter**,
   die Schwestern

sie **schwieg** → schweigen
   schwie|rig = kompliziert,
   schwer, nicht leicht

schwim|men, du schwimmst, er schwamm, sie ist geschwommen = baden, tauchen

schwin|deln, du schwindelst = lügen, schummeln

schwind[e]**lig** = taumelig, benommen

schwin|gen, du schwingst = wackeln, schaukeln

schwit|zen, du schwitzt = anlaufen, schweißgebadet sein

er **schwoll** → schwellen

schwö|ren, du schwörst, er schwor, sie hat geschworen = versprechen, einen Schwur leisten

schwul = homosexuell, die Liebe von Mann zu Mann

schwül = feuchtwarm, stickig

der **Schwung**, die Schwünge = die Energie, das Temperament

der **Schwur**, die Schwüre = das Versprechen

der **Scoo|ter**, die Scooter = der Roller

se

sechs = die Ziffer 6

der **See**, die Seen = ein Gewässer

die **See|le**, die Seelen = der Geist, das Gefühl

der ~~**Sef**~~ → Safe

se|geln, du segelst = Boot fahren

seg|nen, du segnest = weihen

se|hen, du siehst, er sah, sie hat gesehen = schauen, betrachten, blicken

die **Seh|ne**, die Sehnen = Fasern, die einen Muskel mit einem Knochen verbinden

die **Sehn|sucht**, die Sehnsüchte = der Wunsch, das Verlangen

sehr = besonders, enorm

das **Sehr gut** = die Schulnote 1

seicht = flach, nicht tief

ihr **seid** → sein

~~**seid**~~ → seit

201

S s

die **Sei|de**,
  die Seiden
  = ein Stoff
die **Sei|fe**,
  die Seifen
  ➤ die Duftseife,
  die Flüssigseife
das **Seil**, die Seile = eine dicke
  Schnur
  sein, ich bin, du bist, er/
  sie/es ist, wir sind, ihr seid,
  sie sind, er war, sie ist
  gewesen = sich aufhalten,
  leben, heißen
  sei|nem ➤ seinem Freund
  helfen
  sei|nen ➤ seinen Freund
  treffen
  seit = von da an, von dem
  Zeitpunkt an
ihr ~~**seit**~~ = seid → sein
  seit|dem = seither
die **Sei|te**, die Seiten
  ➤ Ein Blatt Papier hat
  zwei Seiten.
die ~~**Seite**~~ → die Saite ➤ die
  Gitarrensaite
  sek|kie|ren,
  du sekkierst
  = ärgern,
  belästigen

der **Se|kre|tär**,
  die **Se|kre|tä|rin**,
  die Sekretäre,
  die Sekretärinnen
  = der/die Assistentin einer/
  eines Vorgesetzten
der **Sekt**, die Sekte = ein
  Getränk mit Alkohol
die **Sek|te**, die Sekten = eine
  religiöse Gruppe
die **Se|kun|de**, die Sekunden
  (s) = eine Zeiteinheit
  sel|ber = selbst,
  eigenständig
  selbst = selber,
  eigenständig
der **Selbst|laut**, die Selbstlaute
  = der Vokal, ein Buchstabe
  selbst|stän|dig
  [**selb|stän|dig**] = ohne Hilfe,
  eigenständig
  selbst|ver|ständ|lich
  = bestimmt, freilich
  sel|ten = fast nie, kostbar,
  einzigartig
  selt|sam = sonderbar,
  merkwürdig
das **Se|mes|ter**, die Semester
  = das Schulhalbjahr
die **Sem|mel**, die Semmeln
  = ein Gebäck

S s

sen|den (1), du sendest,
er sandte, sie hat gesandt
= schicken, überweisen
sen|den (2), du sendest,
er sendete, sie hat
gesendet = etwas im
Fernsehen oder Radio
ausstrahlen
das ~~Send|witsch~~ → Sandwich
der **Senf**, die Senfe
= ein Gewürz
sen|ken,
du senkst
= herabsetzen,
beugen
senk|recht
= von oben
nach unten,
nicht waagrecht
die **Sen|sa|ti|on**,
die Sensationen
= der Höhepunkt,
die Überraschung
die **Sen|se**, die Sensen = ein
Handgerät zum Mähen
sen|si|bel = feinfühlig,
empfindlich
der **Sep|tem|ber** = der neunte
Monat
Ser|bi|en = ein Staat in
Südosteuropa

die **Se|rie**, die Serien
= die Reihe
das / der **Ser|vice**, die Service
= der Aufschlag,
das Tafelgeschirr,
der Kundendienst
ser|vie|ren, du servierst
= auftischen, vorsetzen
die **Ser|vi|et|te**, die Servietten
= ein Tuch, um den Mund
abzuwischen
ser|vus = grüß dich, hallo
der **Ses|sel**, die Sessel
= der Stuhl
sess|haft = einen festen
Wohnsitz haben
sich **set|zen**, du setzt dich
= Platz nehmen
die **Seu|che**, die Seuchen
= viele Menschen haben
dieselbe Krankheit
seuf|zen, du seufzt
= laut aufatmen
die **Se|xu|a|li|tät** = die
körperliche Liebe
sh
das **Sham|poo**, die Shampoos
= das Haarwaschmittel
der **She|riff**, die Sheriffs
= ein Polizeichef
in den USA

S s

shop|pen, du shoppst
= einkaufen

das **Shop|ping|cen|ter**, die
Shoppingcenter = das
Einkaufszentrum

die **Shorts**
= eine kurze
Hose

die **Show**, die Shows
= eine Vorführung

si

sich ➤ sich setzen,
sich lieben

si|cher [**si|cher**]
= sicherlich, bestimmt,
geschützt

die **Si|cher|heit**, die
Sicherheiten = der Schutz,
die Geborgenheit, das
Selbstbewusstsein

die **Sicht**, die Sichten = die
Aussicht, die Ansicht

sicht|bar = zu sehen,
erkennbar

sie ➤ sie (= Anna) geht,
sie (= die Kinder) gehen

Sie ➤ Ich kenne Sie nicht.
Wie heißen Sie?

das **Sieb**, die Siebe
= der Filter,
der Seiher

sie|ben = die Ziffer 7

sie|ben|tens [**sieb|tens**]
= 7. = an siebenter Stelle

sie|den, du siedest
= kochen, brodeln

die **Sied|lung**, die Siedlungen
= ein Ort mit Wohnhäusern

der **Sieg**, die Siege
= der Gewinn, der Erfolg

sie|gen, du siegst
= gewinnen, den Sieg
erringen

sie|zen, du siezt
= mit Sie anreden

das **Si|g|nal**, die Signale = der
Pfiff, die Sirene, der Gong

die **Sil|be**, die Silben
➤ Zwischen den Silben
kannst du die Wörter teilen:
fa-bel-haft!

das **Sil|ber** = ein Edelmetall

die **Sil|ber|me|dail|le**
= der zweite Platz

der **Si|lo**, die Silos
= ein Futterspeicher

der **Sil|ves|ter**, die Silvester
= der letzte Tag im Jahr

wir **sind** → sein

sin|gen, du singst, er sang,
sie hat gesungen = trällern,
ein Musikstück vortragen

S s

der **Singular** = die Einzahl
sinken, du sinkst, er sank,
sie ist gesunken = an Höhe
verlieren, untergehen,
nachlassen

der **Sinn**, die Sinne
= die Bedeutung;
➤ der Sehsinn, der Tastsinn

die **Sintflut**, die Sintfluten
= eine Naturkatastrophe

die **Sirene**, die Sirenen
= ein Alarmgerät, ein
Fabelwesen

der **Sirup**, die Sirupe
= ein Saft zum Verdünnen

die **~~Siti~~** → die City

die **Situation**, die Situationen
= die Lage

der **Sitz**, die Sitze = der Stuhl,
der Platz
sitzen, du sitzt, er saß,
sie ist gesessen = einen
Platz haben, hocken, im
Gefängnis sein, passen,
beherrschen

die **Sitzung**, die Sitzungen
= die Besprechung

sk

der **Skandal**, die Skandale
= ein Ärgernis, eine
Aufregung

das **Skateboard**,
die Skateboards
= ein Sportgerät
skaten,
du skatest
= Skateboard
fahren,
Rollerskates fahren

das **Skelett**,
die Skelette
= das Gerippe,
das
Knochengerüst
~~skennen~~ → scannen

der **Ski** [**Schi**], die Ski[er]
= ein Sportgerät

die **Skizze**, die Skizzen
= der Entwurf, eine
Zeichnung

der **Sklave**, die **Sklavin**,
die Sklaven, die Sklavinnen
= der/die unfreie Dienerin,
der Knecht, die Magd

der **~~Skuter~~** → Scooter

sl

der **Slalom**, die Slaloms
= der Torlauf

die **Slowakei** = ein EU-
und Nachbarland
Slowenien = ein EU-
und Nachbarland

S s

sm

der **Smog**, die Smogs
= die schlechte Luft

das
die **SMS**, die SMS
= eine kurze Nachricht für
Handys

sn

der **Snack**, die Snacks
= der Imbiss

das **Snow|board**, die
Snowboards = ein Brett,
um auf einer Skipiste zu
fahren

so

so = auf diese Weise,
derartig, wirklich

so viel ➤ so viel Geld, so
viele Münzen

so|bald = sowie, wenn

der **So|cken**,
die Socken
= eine
Stoffbekleidung
für die Füße

so|dass = damit

so|eben = gerade,
vor kurzem

das **So|fa**, die Sofas = eine
gepolsterte Ruhebank,
ein Polstermöbel

so|fort = gleich, jetzt

die **Soft|ware** = Daten und
Programme für den
Computer

so|gar = auch, außerdem

die **Soh|le**, die Sohlen = die
untere Fläche des Fußes

der **Sohn**, die Söhne = das
Kind, der Bub

die **So|lar|ener|gie**
= die Energie,
die aus
den Strahlen
der Sonne
gewonnen wird

das **So|la|ri|um** = das
Sonnenstudio

solch = derartig, so ein

der **Sol|dat**,
die **Sol|da|tin**,
die Soldaten,
die Soldatinnen
= der/die
Kämpferin,
der/die Kriegerin

sol|len, du sollst
= gezwungen sein, müssen

der **Som|mer**, die Sommer
= die heiße Jahreszeit

die **Som|mer|fe|ri|en** = die
schulfreie Zeit im Juli und
August

S s

das **Son|der|an|ge|bot**, die
  Sonderangebote = eine ver-
  billigte Ware
  son|der|bar = merkwürdig,
  seltsam
  son|dern = aber, jedoch,
  hingegen
die **Son|der|schu|le**, die
  Sonderschulen = eine
  Schule für Kinder mit
  besonderen Bedürfnissen
der **Song**, die Songs
  = das Lied
die **Son|ne**, die Sonnen
der **Sonn|tag**, die Sonntage
  = der letzte Wochentag
  sonn|tags = jeden
  Sonntag
  sonst = außerdem,
  anderenfalls
  ~~**sör|fen**~~ → surfen
die **Sor|ge**, die Sorgen
  = die Angst, der Kummer
sich **sor|gen**, du sorgst dich
  = sich
  Sorgen
  machen,
  Angst
  haben
  sorg|fäl|tig = ordentlich,
  gewissenhaft

die **Sor|te**, die Sorten = die Art
  sor|tie|ren, du sortierst
  = ordnen, teilen
das der ~~**Sör|vis**~~ → Service
das **SOS** = ein Notrufzeichen
die **So|ße** [**Sau|ce**], die Soßen
  = der (Braten-)Saft;
  ➤ die Paradeissoße
der **Sound**,
  die Sounds
  = der Ton,
  der Klang
das **Sou|ve|nir**,
  die Souvenirs
  = das Andenken
  so|wie = und
  so|wie|so = ohnehin
  so|wohl … als auch
  = auch, und
  so|zi|al = wohltätig,
  hilfsbereit
  so|zu|sagen
  = gewissermaßen

sp

der **Spa|gat**, die Spagale
  = eine Schnur, eine
  Turnübung
die **Spa|get|ti**
  [**Spa|ghet|ti**]
  = lange
  Nudeln

207

S s

der **Spalt**, die Spalte
= eine Öffnung, ein Loch

die **Span|ge**, die Spangen
= die Klammer, die Nadel

Spa|nien = ein EU-Land

sie **spann** → spinnen

span|nen, du spannst
= (aus)dehnen, befestigen

span|nend = aufregend,
faszinierend

die **Span|nung**, die
Spannungen = die
Aufregung, die Nervosität

spa|ren, du sparst
= Geld auf die Seite legen,
bescheiden leben

spar|sam = nicht freige-
big, überlegt

der **Spaß**, die Späße = der
Scherz, die Unterhaltung

spa|ßig = witzig,
unterhaltsam

spät = verzögert,
unpünktlich, nicht früh

der **Spatz**, die Spatzen
= ein Vogel

spa|zie|ren, du spazierst
= gehen, bummeln,
frische Luft schnappen

der **Specht**, die Spechte
= ein Vogel

der **Speck**
= geräuchertes
Schweinefleisch

der **Speed** = die
Geschwindigkeit

der **Spei|chel** = die Spucke

der **Spei|cher**, die Speicher
= ein Raum oder Bauwerk,
wo Dinge gelagert und
aufbewahrt werden;
➤ der Arbeitsspeicher
des Computers

spei|chern, du speicherst
= sichern, aufbewahren

spei|en, du speist, er
spie, sie hat gespien
= erbrechen, sich
übergeben, spucken

die **Spei|se**, die Speisen
= das Essen, das Gericht

spei|sen, du speist
= essen, zu sich nehmen

spen|den, du spendest
= schenken, (über)geben

der **Spe|zi|a|list**,
die **Spe|zi|a|lis|tin**,
die Spezialisten,
die Spezialistinnen
= der Fachmann,
die Fachfrau,
der/die Expertin

S s

208

die **Spe|zi|a|li|tät**, die
Spezialitäten
= etwas Besonders
spe|ziell = besonders,
ungewöhnlich
der ~~Spid~~ → Speed
der **Spie|gel**, die Spiegel
= eine Fläche, die
Lichtstrahlen zurückwirft
das **Spiel**, die Spiele = die
Runde, das Match, das
Theaterstück
spie|len, du spielst = sich
beschäftigen, aufführen,
musizieren
der **Spiel|platz**, die Spielplätze
= ein Ort mit Spielgeräten
das **Spiel|zeug**
= die Spielsachen
spin|nen, du spinnst
= Wolle herstellen, verrückt
sein
der **Spi|on**,
die **Spi|o|nin**,
die Spione,
die Spioninnen
= der/die
Geheimpolizistin,
das Guckloch
das **Spi|tal**, die Spitäler
= das Krankenhaus

spitz = durchdringend,
stechend, stichelnd
die **Spit|ze**, die Spitzen = der
Stachel, der Gipfel
der **Spit|zer**, die Spitzer = ein
Gerät zum Schärfen von
Buntstiften
der **Split|ter**, die Splitter = der
Span, eine kleine Scherbe
der **Sport** = das Turnen, die
Leibesübungen
der **Sport|ler**, die **Sport|le|rin**,
die Sportlerinnen
= der/die Athletin
sport|lich = kräftig,
muskulös, fit
der **Sport|platz**, die
Sportplätze = der Ort, wo
Sport betrieben wird
spot|ten, du spottest
= aufziehen, hänseln
sie **sprach** → sprechen
die **Spra|che**, die Sprachen
➤ Deutsch, Englisch,
Türkisch
das
der **Spray**, die Sprays
= der Zerstäuber
spre|chen, du sprichst, er
sprach, sie hat gesprochen
= reden, sagen, sich
unterhalten

S s

spren|gen, du sprengst
= zerstören, in die Luft
jagen, gießen

das **Sprich|wort**, die
Sprichwörter = der (Aus)
Spruch

sprie|ßen, du sprießt, er
spross, sie ist gesprossen =
wachsen, gedeihen

sprin|gen, du springst, er
sprang, sie ist gesprungen
= hüpfen, hopsen

der **Sprit** = der Treibstoff,
das Benzin,
der Diesel

die **Sprit|ze**,
die Spritzen
➤ die Arztspritze
die Feuerwehrspritze

er **spross** → sprießen

die **Spros|se**, die Sprossen
= die Stufe einer Leiter

der **Spruch**, die Sprüche
= das Sprichwort

sprü|hen, du sprühst
= besprітzen, sprayen

der **Sprung**, die Sprünge
= der Hüpfer,
der Riss

die **Spu|cke**
= der Speichel

spu|cken, du spuckst
= speien

spu|ken, du spukst
= geistern

spü|len, du spülst
= abwaschen

die **Spur**, die Spuren = der
Fußabdruck, die Fährte

spü|ren, du spürst
= fühlen, merken

st

der **Staat**, die Staaten
= das Land, der Bund

sta|bil = fest, haltbar,
unzerbrechlich

er **stach** → stechen

der **Sta|chel**,
die Stacheln
= die Spitze
der Dorn

der **Sta|del**, die Stadel = die
Scheune

das **Sta|di|on**, die Stadien
= eine große Sportanlage

die **Stadt**, die Städte ➤ die
Hauptstadt, die Innenstadt

er **stahl** → stehlen

der **Stahl**, die Stähle = ein
Baustoff aus Eisen

der **Stall**, die Ställe = eine
Unterkunft für Tiere

S s

der **Stamm**, die Stämme
= der aufrechte Teil eines
Baumes
stam|meln, du stammelst
= stottern
stamp|fen, du stampfst
= treten, trampeln
er **stand** → stehen
der **Stand**, die Stände
= die Bude, der Kiosk, der
Zustand
stän|dig = dauernd, immer
die **Stan|ge**, die Stangen
= der Stab, der Stock, der
Stecken
der **Stän|gel**, die Stängel
= der Teil der Pflanze, auf
dem die Blüte sitzt
das **Sta|nit|zel**, die Stanitzel
= die Tüte
sie **stank** → stinken
stän|kern, du stänkerst
= Streit suchen
der **Star**, die Stare = ein Vogel
der **Star**, die Stars = eine
Berühmtheit
er **starb** → sterben
stark, stärker,
am stärksten
= kräftig, groß,
nicht schwach

starr = steif,
unbeweglich
der **Start**,
die Starts
[Starte]
= der Anfang,
der Beginn,
die Abfahrt, der Abflug
die **Sta|ti|on**, die Stationen
= die Haltestelle
statt = an der Stelle von
statt|fin|den, es findet statt
= geschehen, sich ereignen
die **Sta|tue**, die Statuen
= ein Denkmal, eine Figur
der **Stau**, die Staus = der
Stillstand, die Hemmung; ➤
der Verkehrsstau
der **Staub**, die Stäube
= der Schmutz, das Pulver
stau|nen, du staunst
= überrascht sein
das **Steak**, die Steaks
= gebratenes Fleisch
ste|chen,
du stichst,
er stach,
sie hat
gestochen
= durchbohren,
schmerzen

211

S s

ste|cken, du steckst
= drücken, hineinschieben

der Ste|cker, die Stecker
= eine Art Stöpsel an einem
Kabel, der einen Kontakt
herstellt

ste|hen, du stehst, er
stand, sie ist gestanden
= aufrecht sein, sich
befinden, passen

steh|len, du stiehlst, er
stahl, sie hat gestohlen
= wegnehmen, rauben

die Stei|er|mark
= ein Bundesland

steif = starr, fest, nicht
weich

stei|gen, du steigst, er
stieg, sie ist gestiegen
= (hinauf)gehen, klettern,
hochgehen

steil = gebirgig, schräg,
nicht eben

der Stein, die Steine
= der Kieselstein, der Fels,
der Ziegel

die Stel|le, die Stellen = der
Ort, der Platz, der Beruf

stel|len, du stellst
= geben, absetzen,
platzieren

der Stem|pel, die Stempel
= der Abdruck, das Siegel

ster|ben, du stirbst, er
starb, sie ist gestorben
= umkommen, ableben

die Ste|re|o|an|la|ge
= der CD-Player, der Radio
und der Kassettenspieler

der Stern, die Sterne
= ein Himmelskörper

stets = immer, dauernd

das Steu|er, die Steuer = das
Lenkrad, der
Steuerknüppel, der Joystick

die Steu|er, die Steuern = die
Abgaben an den Staat

der Ste|ward,
die Ste|war|dess,
die Stewards,
die Stewardessen
= der/die Flugbegleiterin

der Stich, die Stiche ➤ der
Gelsenstich, der Nadelstich

der Stie|fel, die Stiefel = ein
Schuh bis zum Knie

die Stief|eltern = die
Ersatzeltern

sie stieg → steigen

die Stie|ge,
die Stiegen
= die Treppe

212

S s

der **Stiel**, die Stiele = der Handgriff, der Stängel

der **Stier**, die Stiere = das männliche Rind

er **stieß** → stoßen

der **Stift**, die Stifte = ein kleiner Stab; ➤ der Buntstift

still = leise, ruhig, lautlos

die **Stim|me**, die Stimmen ➤ die Sprechstimme, die Singstimme, die Wählerstimme

stim|men, es stimmt = richtig sein, wählen

die **Stim|mung**, die Stimmungen = die Laune, die Atmosphäre

stin|ken, du stinkst, er stank, sie hat gestunken = schlecht riechen

die **Stirn**, die Stirnen = der obere Teil des Gesichts

der ~~Stju|ard~~ → Steward

die ~~Stju|ar|des~~ → Stewardess

der **Stock**, die Stöcke = der Stecken, der Stab, das Stockwerk

der **Stö|ckel|schuh**, die Stöckelschuhe = ein Schuh mit hohem Absatz

stock|fins|ter = ganz dunkel

das **Stock|werk**, die Stockwerke = das Geschoß, die Etage

der **Stoff**, die Stoffe = das Tuch, das Gewebe

stol|pern, du stolperst = umknicken, (hin)fallen

stolz = selbstbewusst, eingebildet, stattlich

stop|fen, du stopfst = handarbeiten, ein Loch schließen, hineinknüllen

stop|pen, du stoppst = aufhalten, anhalten

der **Stöp|sel**, die Stöpsel = der Stoppel, der Verschluss

stö|ren, du störst = behindern, nicht in Ruhe lassen

die **Sto|ry**, die Storys = die Geschichte

der **Stoß**, die Stöße = der Schubs, der Stapel

sto|ßen, du stößt, er stieß, sie hat gestoßen = schubsen, wegdrücken

stot|tern, du stotterst = stammeln, undeutlich sprechen

S s

die **Strafe**, die Strafen = die
    Vergeltung, die Buße
    strafen, du strafst
    = vergelten, abrechnen
    strahlen, du strahlst
    = scheinen, leuchten
der **Strand**, die Strände
    = das Ufer;
    ➤ der Sandstrand
die **Strapaze**,
    die Strapazen
    = die Anstrengung
die **Straße**, die Straßen
    = die Autobahn,
    die Fahrbahn, die Gasse
sich **sträuben**, du sträubst dich
    = sich wehren
der **Strauch**, die Sträucher
    = eine Pflanze mit vielen
    Stämmen
der **Strauß** (1), die Strauße
    = ein Laufvogel
der **Strauß** (2), die Sträuße
    = der Blumenstrauß
die **Strecke**, die Strecken
    = der Weg, die Entfernung
der **Streich**, die Streiche
    = der Schabernack,
    der Trick
    streicheln, du streichelst
    = liebkosen

streichen, du streichst, er
    strich, sie hat gestrichen
    = (an)malen, weglassen
der **Streifen**, die Streifen = ein
    schmaler Abschnitt, ein
    Band; ➤ der Zebrastreifen
    streiken,
    du streikst
    = sich
    weigern
    zu arbeiten
der **Streit**, die Streite
    = der Konflikt,
    die Auseinandersetzung
sich **streiten**, du streitest, er
    stritt, sie hat gestritten
    = sich zanken, sich
    bekämpfen
    streng = hart, strikt,
    nicht mild
der **Stress** = die Anstrengung,
    die Mühe, die Belastung
    stressig = anstrengend,
    nicht entspannt
der **Strich**,
    die Striche
    = die Linie
sie **strich** → streichen
    stricken, du strickst
    = handarbeiten
er **stritt** → streiten

214

das **Stroh** = getrocknete
   Getreidehalme
der **Stroh|halm**,
   die Strohhalme
   = ein
   Röhrchen
   zum Trinken

der **Strom**, die Ströme
   = ein großer Fluss, die
   elektrische Energie
die **Stro|phe**, die Strophen
   = der Abschnitt, der Vers
   eines Liedes oder Gedichts
der **Stru|del**, die Strudel
   = eine Mehlspeise,
   ein Wasserwirbel
die **Strumpf|ho|se**, die
   Strumpfhosen
   = eine Beinbekleidung
die **Stu|be**, die Stuben
   = ein Zimmer
das **Stück**, die Stücke
   = der Abschnitt, der Teil,
   die Anzahl
der **Stu|dent**, die **Stu|den|tin**,
   die Studenten,
   die Studentinnen
   = Er/sie besucht eine
   Universität.
   stu|die|ren, du studierst
   = an der Universität lernen

das **Stu|dio**, die Studios
   = eine Künstlerwerkstatt,
   ein Aufnahmeraum
die **Stu|fe**, die Stufen = Eine
   Treppe besteht aus Stufen.
der **Stuhl**, die Stühle
   = der Sessel
   stumm = schweigend,
   wortlos
   stumpf = ungeschärft,
   nicht spitz, matt
die **Stun|de**, die Stunden (h)
   = eine Zeiteinheit
der **Stun|den|plan**, die
   Stundenpläne = der
   Wochenplan in der Schule
   stünd|lich = jede Stunde
   stur = dickköpfig,
   unzugänglich
der **Sturm**, die Stürme
   = ein sehr starker Wind
   stür|zen, du stürzt
   = (hin)fallen
die **Stu|te**, die Stuten
   = das weibliche Pferd
das **Sty|ro|por** = ein weißes
   Material aus Kunststoff
su/sü
das **Sub|jekt**, die Subjekte
   = die Person,
   der Satzgegenstand

S s

das **Substantiv**, die
Substantive = das
Namenwort, das Hauptwort

subtrahieren,
du subtrahierst
= wegzählen, abziehen

die **Subtraktion**, die
Subtraktionen = die
Minusrechnung

suchen,
du suchst
= sich
umsehen,
fahnden,
forschen

süchtig = von
etwas abhängig sein

der **Süden** = eine
Himmelsrichtung

die **Summe**, die Summen
= der Betrag, die Anzahl

summen, du summst
= mit geschlossenen
Lippen singen

die **Sünde**,
die Sünden
= der Verstoß
die schlechte
Tat

super = sehr gut,
hervorragend

der **Supermarkt**,
die Supermärkte
= ein großes Geschäft

die **Suppe**, die Suppen
= die Brühe;
➤ die Nudelsuppe

surfen, du surfst
= eine Wassersportart;
➤ im Internet surfen

süß = gezuckert, nicht
sauer, lieb

die **Süßigkeit**, die
Süßigkeiten
= die Nascherei,
das Konfekt

sw

der **Sweater**, die Sweater
= ein Sportpullover

der **Swimmingpool**,
die Swimmingpools
= das Schwimmbecken

sy

das **Symbol**, die Symbole
= ein Zeichen, ein Sinnbild

sympathisch
= anziehend, nett

T t

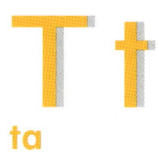

ta

die **Ta|bel|le**, die Tabellen
= das Verzeichnis, die Liste

das **Ta|b|lett**, die Tabletts
= das Servierbrett

die **Ta|b|let|te**, die Tabletten
= die Pille, eine Arznei in
runder Form

der **Ta|cho**, die Tachos
= der Tachometer, der
Geschwindigkeitsmesser

die **Ta|fel**, die Tafeln
= ein gedeckter Tisch,
ein Brett; ➤ die Schultafel,
die Anzeigentafel

der **Tag**, die Tage = eine
Zeiteinheit von 24 Stunden
täg|lich = jeden Tag

das **Tal**, die Täler
= die Vertiefung zwischen
zwei Bergen

das **Ta|lent**, die Talente
= die Begabung

die **Talk|show**, die Talkshows
= die Diskussionssendung
tan|ken, du tankst
= Treibstoff nachfüllen;
➤ Sauerstoff tanken

die **Tan|ne**, die Tannen
= ein Nadelbaum

die **Tan|te**, die Tanten
= die Schwester der Mutter
bzw. des Vaters

der **Tanz**, die Tänze = eine
Bewegung zur Musik,
das Ballett
tan|zen,
du tanzt
= sich
zu Musik
bewegen

die **Ta|pe|te**, die Tapeten
= Rollen von Papier, die an
die Wand geklebt werden
ta|pe|zie|ren, du tapezierst
= die Wände mit einer
Tapete bekleben
tap|fer = mutig, furchtlos,
nicht ängstlich
tap|pen, du tappst
= sich vorwärts tasten
tar|nen,
du tarnst
= verbergen,
verschleiern

die **Ta|sche**,
die Taschen
= ein Behältnis, ein Teil der
Kleidung

A B C D E F G H I J K L M N O P Q R S T U V W X Y Z

T t

das **Ta|schen|tuch**,
   die Taschentücher = ein
   kleines Stück Stoff oder
   weiches Papier in der
   Hosentasche
die **Tas|se**, die Tassen
   = das Häferl, die Schale
   tas|ten, du tastest
   = fühlen, berühren
er **tat** → tun
die **Tat**, die Taten = die
   Handlung, die Aktion
der **Tä|ter**, die **Tä|te|rin**,
   die Täterinnen
   = der/die Verbrecherin
die **Tä|tig|keit**, die Tätigkeiten
   = die Arbeit, die
   Beschäftigung
das **Ta|too**, die Tatoos
   = die Tätowierung,
   ein in die Haut
   gestochenes
   Bild
die **Tat|sa|che**,
   die Tatsachen
   = die Gegebenheit,
   der Umstand
   tat|säch|lich = wirklich,
   konkret
das ~~Ta|tu~~ → Tatoo
das **Tau**, die Taue = das Seil

der **Tau** = die Feuchtigkeit der
   Nacht auf der Wiese
   taub = gehörlos,
   schwerhörig
die **Tau|be**, die Tauben
   = ein Vogel
   tau|chen, du tauchst
   = unter Wasser
   schwimmen
   tau|fen, du taufst = durch
   Übergießen mit Wasser in
   die christliche Gemeinde
   aufnehmen
   tau|gen, du taugst
   = nützen, gefallen
   tau|schen, du tausch[s]t
   = wechseln, ersetzen
   täu|schen, du täusch[s]t
   = betrügen
   tau|send = die Zahl 1 000
das **Ta|xi**, die Taxis
   = ein Mietauto

te

das **Team**, die Teams
   = die Gruppe,
   die Mannschaft
die **Tech|nik**, die Techniken
   = die Funktionsweise,
   die Handhabung
der **Ted|dy**, die Teddys
   = der Teddybär

der **Tee**, die Tees
 = ein Getränk
der **Tee|n|ager**, die Teenager
 = eine Jugendlicher
 zwischen 13 und 19 Jahren
der **Teich**, die Teiche
 = ein Gewässer
der **Teig**, die Teige
 = eine weiche
 Masse aus
 Mehl
 und Milch oder Wasser
das
der **Teil**, die Teile = ein Stück,
 der Baustein, der Abschnitt
 tei|len, du teilst = halbie-
 ren, zerlegen, trennen
die **Teil|nah|me**,
 die Teilnahmen = die
 Mitwirkung, das Mitgefühl
 teil|neh|men, du nimmst
 teil → nehmen; = dabei
 sein, mitmachen
der **Teil|neh|mer**,
 die **Teil|neh|me|rin**,
 die Teilnehmerinnen
 = der/die Mitwirkende
das **Te|le|fon**,
 die Telefone
 = der Fernsprecher
 te|le|fo|nie|ren,
 du telefonierst = anrufen

der **Tel|ler**, die Teller
die **Tem|pe|ra|tur**,
 die Temperaturen = der
 Wärmegrad, das Fieber
das **Tem|po**, die Tempos
 [Tempi] = die Eile, die Hast,
 die Geschwindigkeit
die **Ten|ne**, die Tennen = der
 Boden einer Scheune
das **Ten|nis** = eine Sportart
der **Tep|pich**, die Teppiche
 = ein Gewebe für die Wand
 oder den Fußboden
der **Ter|min**, die Termine
 = die Verabredung, die Frist
die **Ter|ras|se**, die Terrassen
 = ein befestigter Platz an
 einem Haus
der **Ter|ror** = die Gewalt,
 der Schrecken
der **Ter|ro|rist**,
 die **Ter|ro|ris|tin**,
 die Terroristen,
 die Terroristinnen
 = Er/sie verübt
 Terroranschläge.
der **Test**, die Tests
 = die Prüfung,
 das Experiment
 teu|er, teurer, am teuersten
 = kostspielig, nicht billig

T t

der **Teu|fel**, die Teufel
= der Satan
der **Text**, die Texte = die
geschriebenen Sätze
die **Tex|ti|li|en** = die Waren aus
Stoff

th

das **The|a|ter**, die Theater
= das Gebäude, in dem
Stücke aufgeführt werden,
die Aufführung, das Getue
das **The|ma**, die Themen = der
Gegenstand, der Inhalt
die **Ther|me**, die Thermen
= die Badeanstalt
das
der **Ther|mo|me|ter**,
die Thermometer
= das
Gerät
zum Messen
von Temperaturen
die **Tho|ra** = die heilige Schrift
des Judentums
der **Thron**, die Throne = der
Stuhl des Königs und der
Königin

ti

ti|cken, du tickst ➤ Die Uhr
tickt.
das **Ti|cket**, die Tickets = die
Eintrittskarte, die Fahrkarte

tief = bodenlos, ganz
unten, nicht seicht
das ~~Tiem~~ → Team
das **Tier**, die Tiere
der **Ti|ger**,
die Tiger
= eine
gestreifte Raubkatze
der ~~Ti|ne|tscher~~ → Teenager
die **Tin|te**, die Tinten = ein
flüssiger Farbstoff zum
Schreiben
der **Tipp**, die Tipps = der
Ratschlag
tip|pen, du tippst = wetten,
vermuten, Maschine
schreiben
Ti|rol = ein Bundesland
der **Tisch**, die Tische
= ein Möbelstück
der **Tisch|ler**, die **Tisch|le|rin**,
die Tischlerinnen
= der/die Möbelmacherin
das ~~Ti|schört~~ → T-Shirt
der **Ti|tel**, die Titel = der Name
eines Buches, der Rang,
die Anrede

to

der **Toast**, die Toaste [Toasts]
= ein geröstetes Weißbrot,
ein Trinkspruch

T t   220

to|ben,
du tobst
= wüten,
wild werden,
stürmen

die **Toch|ter**,
die Töchter
= das Kind, das Mädchen

der **Tod**, die Tode = das Ende
des Lebens, der Abschied
töd|lich = todbringend,
gefährlich
tod|krank = sehr krank

die **To|i|let|te**, die Toiletten
= das Klo(sett), das WC

die ~~Tok|scho~~ → Talkshow

toll = super, hervorragend

der **Toll|patsch**, die
Tollpatsche = ein
ungeschickter Mensch

die **To|ma|te**, die Tomaten
= der Paradeiser

die **Tom|bo|la**, die Tombolas
= ein Glücksspiel

der **Ton**, die Tone = der Lehm,
die Erde

der **Ton**, die Töne = der Klang,
der Laut

die **Ton|ne**, die Tonnen (t)
= ein Behälter, eine
Gewichtseinheit

der **Topf**, die Töpfe ➤ der
Kochtopf, der Blumentopf

der **Top|fen**, die Topfen
= ein Frischkäse

das **Tor**,
die Tore
➤ das
Haustor,
das Fußballtor

die ~~To|ra~~ → Thora

die **Tor|te**, die Torten = eine
Mehlspeise

tot = gestorben, leblos

to|tal = völlig, ganz

der **To|te**, die **To|te**, die Toten
= der/die Verstorbene

sich **tot|la|chen**, du lachst dich
tot = sehr viel lachen

tö|ten, du tötest
= umbringen, morden

der **Tou|ris|mus** = der
Fremdenverkehr

der **Tou|rist**, die **Tou|ris|tin**,
die Touristen,
die Touristinnen
= der/die Urlauberin

tr

die **Tracht**, die Trachten
= Kleidung, die man seit
alters her trägt

er **traf** → treffen

T t

die **Trafik**, die Trafiken
= der Tabakladen

träge = schwerfällig,
gleichgültig, nicht fleißig

tragen, du trägst, er trug,
sie hat getragen
= schleppen, anhaben

der **Trainer**, die **Trainerin**
die Trainerinnen
= der/die Sportlehrerin

trainieren, du trainierst
= üben, Sport treiben

das **Training**, die Trainings
= die Übung, die Schulung

der **Traktor**, die Traktoren
= ein Fahrzeug in der
Landwirtschaft

das **Trampolin**, die
Trampoline = ein
Sprunggerät im Sport

die **Träne**,
die Tränen
➤ Wenn man
weint, fließen
Tränen.

das ~~Träning~~ → Training

er **trank** → trinken

der **Transport**, die Transporte
= die Beförderung,
der Umzug

er **trat** → treten

tratschen, du tratscht
= quatschen, plaudern

die **Traube**, die Trauben
➤ die Weintraube

trauen, du traust = sich
auf jemanden verlassen,
jemanden verheiraten

sich **trauen**, du traust dich
= wagen, riskieren

trauern, du trauerst
= beweinen, wehklagen

der **Traum**, die Träume = ein
Fantasieerlebnis im Schlaf

träumen, du träumst
= in Gedanken sein,
schlafen

traurig = bedrückt, nicht
lustig

treffen, du triffst, er traf,
sie hat getroffen
= begegnen, erschüttern,
ein Ziel erreichen, passen

treiben, du treibst, er trieb,
sie hat getrieben
= schwimmen, in Gang
halten, jagen

~~trenieren~~ → trainieren

trennen, du trennst
= teilen, scheiden

die **Treppe**, die Treppen
= die Stiege, der Aufgang

T t

tre|ten, du trittst, er trat, sie ist/hat getreten; ➤ Sie ist in die Klasse getreten. Sie hat ihren Bruder getreten.

treu = anhänglich, ergeben, zuverlässig

der **Trick**, die Tricks = die List, der Kniff

es **trieb** → treiben

das **Tri|kot**, die Trikots = das Sporthemd

trin|ken, du trinkst, er trank, sie hat getrunken = Flüssigkeit zu sich nehmen, schlürfen

der **Tritt**, die Tritte = der Stoß mit dem Fuß

sie **tritt** → treten

tri|um|phie|ren, du triumphierst = siegen, gewinnen

tro|cken = verdorrt, dürr, nicht nass

trock|nen, du trocknest = trocknen lassen

trö|deln, du trödelst = langsam arbeiten

die **Trom|mel**, die Trommeln = ein Musikinstrument

die **Trom|pete**, die Trompeten = ein Instrument

tröp|feln, es tröpfelt = leicht regnen

trop|fen, du tropfst = in Tropfen fallen

der **Trop|fen**, die Tropfen ➤ der Regentropfen

trös|ten, du tröstest = mitfühlen, aufmuntern

der **Trot|tel**, die Trottel = der/die Idiotin

trotz = ungeachtet, entgegen

trotz|dem = dennoch, trotz allem

trot|zig = unzugänglich, nicht einsichtig

er **trug** → tragen

die **Trüm|mer** = die Überreste

ts

tschau [**ciao**] = hallo, servus, tschüs

Tsche|chi|en = ein EU- und Nachbarland

~~tsche|ken~~ → checken

der ~~Tschem|pi|on~~ → Champion

die ~~Tschins~~ → Jeans

der ~~Tschip~~ → Chip

T t

der ~~Tschoi|stick~~ → Joystick
tschüs [tschüss] =
tschau, auf Wiedersehen
das **T-Shirt**, die T-Shirts
= das Leiberl
tu/tü
die **Tube**, die Tuben
= ein Behälter
das **Tuch**, die Tücher
= ein Stück Stoff
tüch|tig = ehrgeizig, flei-
ßig, nicht faul
tü|ckisch = gemein,
boshaft, gehässig
die **Tul|pe**, die Tulpen
= eine Blume
sich **tum|meln**, du tummelst
dich = sich beeilen
tun, du tust, er tat, sie hat
getan = machen, sich
beschäftigen, handeln,
unternehmen
der **Tun|nel**, die Tunnel
= die Unterführung,
der Schacht
der **Tup|fen**, die Tupfen = ein
Punkt
die **Tür**, die Türen
➤ die Eingangstür
der **Tur|ban**, die Turbane
= eine Kopfbedeckung

die **Tür|kei** = ein Land in
Europa und Asien
tür|kis = eine Farbe
der **Turm**, die Türme
= ein hohes Gebäude,
eine Schachfigur
tur|nen,
du turnst
= Sport treiben
der **Turn|schuh**,
die Turnschuhe
= der Sportschuh
die **Tü|te**, die Tüten
= das Stanitzel,
das Sackerl
tu|ten, du tutest
= hupen
tv
das **TV** = das Fernsehen
ty
der **Typ**, die Typen = die Art,
die Sorte, der Kerl

Überraschung

U u

üb

die **U-Bahn**, die U-Bahnen
= die Untergrundbahn,
ein Verkehrsmittel unter
der Erde
übel = schlecht, unwohl
üben, du übst = trainieren,
proben
über ➤ über die Straße
gehen

> Mit **über-** kannst du Wörter
> bauen: **über|treiben**,
> **Über|fall**, **über|füllt**.
> Wenn du ein Wort unter
> **über-** nicht findest, dann
> mache Folgendes: Suchst
> du **über|fliegen**, schau bei
> **fliegen** nach!

über|all = an allen Orten
der **Über|blick**, die Überblicke
= die Weitsicht,
die Kenntnis
über|ein|an|der
= aufeinander
der **Über|fall**, die Überfälle
= der Angriff, der Anschlag
über|fäl|lig
= unpünktlich, spät

über|flüs|sig = zu viel,
unnötig
über|füllt = voll, dicht
besetzt, nicht leer
der **Über|gang**, die Übergänge
= die Brücke, die Wartezeit
über|haupt = ganz, gar
über|lis|ten, du überlistest
= betrügen, übertölpeln
über|mor|gen = der Tag
nach morgen
über|mü|det
= sehr müde,
verschlafen
über|mü|tig
= vergnügt,
ausgelassen
über|nach|ten, du
übernachtest = schlafen,
die Nacht verbringen
über|que|ren,
du überquerst
= hinübergehen, passieren
über|ra|schen, du
überrasch(s)t
= jemanden erstaunen,
verwundern
die **Über|ra|schung**,
die Überraschungen
= das Erstaunen,
die Verwunderung

225

U u

über|re|den,
du überredest
= umstimmen,
überzeugen

die **Über|schrift**,
die Überschriften = der
Titel, die Schlagzeile

über|schwem|men, du
überschwemmst
= überfluten

über|trei|ben, du
übertreibst → treiben;
= übersteigern,
aufbauschen

über|zeu|gen, du
überzeugst = umstimmen,
bekehren

üb|lich = normal,
gewöhnlich

das **U-Boot**,
die U-Boote
= das
Unterwasserboot

üb|rig = restlich, noch
vorhanden

üb|ri|gens = eigentlich,
nebenbei

das **Ufer**, die Ufer = der Strand
das **UFO**, die UFOs = das
unbekannte Flugobjekt

die **Uhr**, die Uhren
➤ die Armbanduhr,
die Stoppuhr
der **Uhu**, die Uhus = ein Vogel

um ➤ um zwölf Uhr, um
die Ecke

> *Mit **um**- kannst du Wörter*
> *bauen: **um|kehren**,*
> ***Um|fang**, **um|sonst**.*
> *Wenn du ein Wort unter*
> ***um**- nicht findest, dann*
> *mache Folgendes:*
> *Suchst du **um|stoßen**,*
> *schau bei **stoßen** nach!*

um|ar|men, du umarmst
= umfassen, liebkosen

um|dre|hen, du drehst um
= wenden, umstülpen,
umkehren

um|fah|ren,
du fährst
um
→ fahren;
= umstoßen,
niederfahren,
ausweichen, herumfahren

der **Um|fang**, die Umfänge
= die Ausdehnung,
das Ausmaß

die **Um|ge|bung**, die
Umgebungen = die
Nachbarschaft, die Umwelt
um|keh|ren, du kehrst um
= umdrehen,
zurückkommen
um|kip|pen, du kippst um
= umfallen, kentern
der **Um|laut**, die Umlaute
= ein Buchstabe
(= ä, ö, und ü)
die **Um|lei|tung**, die
Umleitungen = der Umweg
der **Um|riss**, die Umrisse
= die Begrenzungslinien
eines Körpers, die Kontur
ums = um das ➤ ums
Haus laufen
der **Um|schlag**, die
Umschläge = das Kuvert,
der Verband;
➤ der Buchumschlag
um|so = desto
um|sonst = vergeblich,
gratis
um|ständ|lich
= kompliziert
die **Umwelt** = die Umgebung,
die Natur, das Klima
der **Um|welt|schutz**
= der Schutz der Natur

um|zie|hen,
du ziehst um
→ ziehen;
= die Kleidung
wechseln,
übersiedeln

der **Um|zug**,
die Umzüge
= die Übersiedelung,
der Transport, eine Parade

un

un|an|ge|nehm = peinlich,
ärgerlich, nicht erfreulich
un|be|dingt = auf jeden
Fall, um jeden Preis
der **Un|be|kann|te**,
die **Un|be|kann|te**
= der/die Fremde
un|be|zahl|bar = teuer,
nicht zu leisten
und = sowie, auch
un|end|lich = ohne Ende,
endlos, unbegrenzt
un|ent|schie|den
= offen,
ungeklärt,
ohne
Siegerin
un|er|hört
= unglaublich,
ungeheuer

U u

un|er|müd|lich
= beharrlich, ohne Pause

un|fair = ungerecht,
gemein, gegen die Regeln

der **Un|fall**, die Unfälle
= das Unglück, der Sturz,
der Zusammenstoß

der **Un|fug** = der Blödsinn, der
Unsinn

Un|garn = ein EU- und
Nachbarland

un|ge|fähr = etwa,
zirka

das **Un|ge|heu|er**,
die Ungeheuer
= das Monster,
die Bestie

un|ge|nieß|bar = nicht zu
essen, schlecht, alt

un|ge|recht = unfair,
gemein

das **Un|ge|zie|fer** = für den
Menschen lästige Insekten

un|ge|zo|gen = frech,
schlimm

un|glaub|lich = unfassbar

das **Un|glück**, die Unglücke
= die Katastrophe,
das Missgeschick

un|glück|lich
= unzufrieden, elend

un|gül|tig = abgelaufen,
verfallen

un|heim|lich = gruselig,
gespenstisch, nicht
geheuer

die **Uni|form**, die Uniformen
= eine Dienstkleidung
der Polizei,
Feuerwehr
und
anderer

die **Uni|ver|si|tät**
[**Uni**],
die Universitäten
= die Hochschule

das **Un|kraut** = unerwünschte
Pflanzen auf Beeten und
Feldern

un|mög|lich = nicht
machbar, aussichtslos,
keineswegs

das **Un|recht** = der Verstoß,
der Fehler

die **Un|ru|he** = die Nervosität,
die Aufregung,
die Anspannung

un|ru|hig = nervös,
aufgeregt

uns ➤ Warte auf uns!

un|schul|dig = schuldlos,
anständig

228

un|ser ➤ unser
Klassenbuch suchen
un|se|rem ➤ unserem
Freund helfen
un|se|ren ➤ unseren Müll
trennen
un|si|cher = ängstlich,
gefährlich
der **Un|sinn** = der Blödsinn,
der Unfug
un|ten ➤ unten auf dem
Boden
un|ter ➤ unter der Bank

*Mit **unter-** kannst du Wörter*
*bauen: **unter|halten**,*
***Unter|kunft, unter|wegs**.*
Wenn du ein Wort unter
***unter-** nicht findest, dann*
mache Folgendes: Suchst
*du **unter|schreiben**, schau*
*bei **schreiben** nach!*

un|ter|bre|chen,
du unterbrichst
→ brechen
= eine
Pause
machen,
stören
un|ter|ei|nan|der
➤ untereinander
ausmachen

die **Un|ter|füh|rung**, die
Unterführungen = der
Tunnel, ein unterirdischer
Gang
un|ter|halb = darunter
sich **un|ter|hal|ten**, du
unterhältst dich → halten;
= miteinander reden,
ein Gespräch führen,
sich amüsieren
un|ter|ir|disch = unter
der Erde
die **Un|ter|kunft**, die
Unterkünfte = ein Hotel,
eine Pension, ein Haus
die **Un|ter|la|ge**,
die Unterlagen = flacher
Belag zum Schutz des
Grundes darunter
un|term = unter dem
➤ unterm Bett sein
der **Un|ter|richt** = die
Schulstunde, der Kurs,
die Lektion, die Ausbildung
un|ter|schei|den,
du unterscheidest,
er unterschied,
sie hat unterschieden
= abgrenzen, einen
Unterschied machen,
auseinanderhalten

der **Un|ter|schied**,
  die Unterschiede
  = die Verschiedenheit,
  die Andersartigkeit,
  der Gegensatz

die **Un|ter|schrift**,
  die Unterschriften
  = der Namenszug,
  das Autogramm
  un|ter|su|chen,
  du untersuchst
  = forschen, kontrollieren,
  abhören
die **Un|ter|wä|sche**
  = die Unterhose,
  das Unterleibchen
  un|ter|wegs = auf dem
  Weg, fort, weg
  un|ver|schämt = frech,
  vorlaut
  un|ver|ständ|lich = nicht
  zu verstehen, undeutlich,
  rätselhaft
  un|vor|sich|tig
  = leichtfertig, leichtsinnig,
  verantwortungslos
das **Un|wet|ter**, die Unwetter
  = ein sehr schlechtes
  Wetter
  un|zäh|lig = nicht zu
  zählen, viele

üp

üp|pig = reichlich, dick

ur

ur|alt = sehr alt, greis
die **Ur|groß|el|tern**
  = der Urgroßvater und die
  Urgroßmutter
die **Ur|kun|de**, die Urkunden
  = ein Dokument,
  eine Auszeichnung
der **Ur|laub**, die Urlaube
  = die Ferien, die Erholung,
  die Reise
die **Ur|ne**, die Urnen = eine Art
  Vase oder Krug, ein
  Behälter für Stimmzettel
die **Ur|sa|che**, die Ursachen
  = der Grund
das **Ur|teil**, die Urteile
  = die Entscheidung,
  die Bewertung
der **Ur|wald**, die Urwälder
  = die Wildnis,
  der Dschungel
  der Regenwald

us

die **USA** = die Vereinigten
  Staaten von Amerika

U u

V v

va

die **Va|gi|na**, die Vaginen
= das weibliche
Geschlechtsorgan,
die Scheide

der **Vam|pir**,
die Vampire
= eine
Blut
saugende
Sagenfigur

die **Va|nil|le** = ein Gewürz

die **Va|se**, die Vasen = ein
Gefäß für Schnittblumen

der **Va|ter**, die Väter
= der Papa

ve

der **Ve|ge|ta|rier**,
die **Ve|ge|ta|rie|rin**,
die Vegetarierinnen
= Er/sie isst kein Fleisch.
ve|ge|ta|risch
= fleischlos,
pflanzlich

das **Veil|chen**,
die Veilchen
= eine Blume,
ein blaues Auge

die **Ve|ne**, die Venen
= die Blutader

das **Ven|til**, die Ventile
= ein Bauteil, das das Ein-
oder Auslassen von Gasen
oder Flüssigkeiten regelt

der **Ven|ti|la|tor**, die
Ventilatoren = die
Belüftung, das Klimagerät

*Mit **ver-** kannst du Wörter
bauen: **ver|ändern**,
Ver|kehr, **ver|kehrt**.
Wenn du ein Wort unter
ver- nicht findest, dann
mache Folgendes: Suchst
du **ver|schreiben**, schau
bei **schreiben** nach!*

sich **ver|ab|schie|den**, du
verabschiedest dich
= Abschied nehmen, auf
Wiedersehen sagen

(sich) **ver|än|dern**,
du veränderst
(dich) = (sich)
verwandeln,
umformen

die **Ver|an|stal|tung**, die
Veranstaltungen = das
Ereignis, die Aufführung

ver|ant|wort|lich
= zuständig, pflichtbewusst

231

V v

die **Ver|ant|wor|tung**, die
　　Verantwortungen
　　= die Zuständigkeit
das **Verb**, die Verben = das
　　Zeitwort, das Tunwort
der **Ver|band**,
　　die Verbände
　　= der Umschlag,
　　die Vereinigung
er　**ver|band** → verbinden
　　ver|bes|sern, du
　　verbesserst = korrigieren,
　　richtigstellen
die **Ver|bes|se|rung**,
　　die Verbesserungen
　　= die Korrektur,
　　die Verschönerung
　　ver|bie|ten, du verbietest
　　→ bieten; = verweigern,
　　nicht erlauben, untersagen
　　ver|bin|den, du verbindest
　　→ binden; = einen Verband
　　anlegen, umwickeln,
　　zusammenfügen
　　ver|blüf|fen, du verblüffst
　　= jemanden erstaunen,
　　überraschen
das **Ver|bot**, die Verbote
　　= das nicht Erlaubte,
　　das Untersagte
er　**ver|bot** → verbieten

ver|bo|ten = nicht erlaubt,
　　gegen das Gesetz
ver|brau|chen, du
　　verbrauchst = ausgeben,
　　abnutzen, verzehren
das **Ver|bre|chen**, die
　　Verbrechen = die Straftat,
　　der Verstoß
der **Ver|bre|cher**,
　　die **Ver|bre|che|rin**,
　　die Verbrecherinnen
　　= der/die Kriminelle
der **Ver|dacht**
　　= die Vermutung,
　　das Misstrauen
　　ver|däch|tigen
　　du verdächtigst
　　= beschuldigen,
　　nachsagen
　　ver|dammt = verflucht,
　　verflixt
sie　**ver|darb** → verderben
　　ver|dau|en, du verdaust
　　= verarbeiten, verkraften
　　ver|der|ben, du verdirbst,
　　er verdarb, sie hat
　　verdorben = verpatzen,
　　vermasseln, faulen
　　ver|die|nen, du verdienst
　　= erhalten, etwas für die
　　Arbeit bekommen

V v

ver|dor|ben = schlecht, ungenießbar

ver|dun|keln, du verdunkelst = dunkel machen, verfinstern, dämpfen

ver|durs|ten, du verdurstest = vor Durst sterben

ver|dutzt = überrascht

ver|eh|ren, du verehrst = bewundern, achten

der **Ve|rein**, die Vereine = eine Gruppe, ein Klub

ver|flixt = verflucht, verdammt

ver|fol|gen, du verfolgst = nachlaufen, jagen, beobachten

die **Ver|fol|gung**, die Verfolgungen = die Jagd, die Suche

ver|füh|ren, du verführst = verleiten

die **Ver|gan|gen|heit**, die Vergangenheiten = die Geschichte, die Vorzeit, das Perfekt

sie **ver|gaß** → vergessen

ver|geb|lich = umsonst, unnötig, sinnlos

ver|ge|hen, es vergeht → gehen; = verfliegen, verschwinden, nachlassen

ver|ges|sen, du vergisst, er vergaß, sie hat vergessen = nicht mehr wissen, sich nicht erinnern, versäumen

ver|gess|lich = gedankenlos, unzuverlässig

ver|geu|den, du vergeudest = verschwenden

ver|gif|ten, du vergiftest = töten, jemandem Gift geben

es **ver|ging** → vergehen

das **Ver|giss|mein|nicht**, die Vergissmeinnichte = eine Blume

ver|glei|chen, du vergleichst, er verglich, sie hat verglichen = gegenüberstellen, beurteilen

sich **ver|gnü|gen**, du vergnügst dich = sich unterhalten, sich amüsieren

V v

ver|gnügt = gut aufgelegt, lustig

ver|grö|ßern, du vergrößerst = größer machen, erweitern, ausdehnen

ver|haf|ten, du verhaftest = festnehmen, einsperren

ver|heim|li|chen, du verheimlichst = geheim halten, verschweigen

ver|hei|ra|tet = verehelicht, nicht ledig

ver|hin|dern, du verhinderst = verhüten, abwehren

sich **ver|ir|ren**, du verirrst dich = sich verlaufen, den Weg verlieren

ver|kau|fen, du verkaufst = zum Verkauf bringen, anbringen

der **Ver|käu|fer**, die **Ver|käu|fe|rin**, die Verkäuferinnen = Er/sie verkauft Waren.

der **Ver|kehr** = die Bewegung von Menschen, Autos und Bahnen auf der Straße

ver|kehrt = falsch, nicht richtig

sich **ver|klei|den**, du verkleidest dich = sich maskieren, sich kostümieren

sich **ver|küh|len**, du verkühlst dich = sich erkälten, krank werden

die **Ver|küh|lung**, die Verkühlungen = die Erkältung, der Schnupfen

ver|lan|gen, du verlangst = fordern, vorschreiben

ver|las|sen, du verlässt = weggehen, kündigen

ver|läss|lich = erprobt, vertrauenswürdig

sich **ver|lau|fen**, du verläufst dich → laufen; = sich verirren

sich **ver|let|zen**, du verletzt dich = sich verwunden, sich wehtun

die **Ver|let|zung**, die Verletzungen = die Wunde, die Schramme

ver|lie|ren, du verlierst, er verlor, sie hat verloren = verloren gehen, verlegen, besiegt werden

234

das **Ver|lies**, die Verliese = ein Gefängnis in einer Burg

er   **ver|ließ** → verlassen

sie   **ver|lor** → verlieren

der **Ver|lust**, die Verluste = das Fehlen, der Wegfall

ver|mei|den, du vermeidest = aus dem Weg gehen, unterlassen

ver|mis|sen, du vermisst = nicht haben, sich sehnen

das **Ver|mö|gen**, die Vermögen = der Reichtum, das Geld

ver|mu|ten, du vermutest = (er)ahnen, schätzen, annehmen

ver|nach|läs|si|gen, du vernachlässigst = sich nicht kümmern

ver|nei|nen, du verneinst = Nein sagen, leugnen, abstreiten

ver|nich|ten, du vernichtest = zerstören, ruinieren

die **Ver|nunft** = der Verstand, die Einsicht

ver|nünf|tig = überlegt, gescheit, nicht leichtfertig

die **Ver|pa|ckung**, die Verpackungen = die Hülle, der Karton

ver|pas|sen, du verpasst = versäumen, vergessen, verschlafen

ver|pes|ten, du verpestest = verschmutzen, verseuchen

der **Ver|rat** = der Wortbruch, die Untreue

ver|ra|ten, du verrätst → raten; = (ver)petzen, ausplaudern

der **Ver|rä|ter**, die **Ver|rä|te|rin**, die Verräterinnen = Er/sie plaudert ein Geheimnis aus.

ver|rei|sen, du verreist = auf Urlaub fahren, wegfahren

er   **ver|riet** → verraten

ver|rückt = durchgedreht, nicht normal

der **Vers**, die Verse = eine Zeile eines Gedichts

die ~~Verse~~ → Ferse

er   **ver|sank** → versinken

ver|säu|men, du versäumst = verpassen, verschlafen, auslassen

V v

ver|schen|ken, du
verschenkst = hergeben,
verteilen, spenden
ver|schie|den
= unterschiedlich, anders,
nicht gleich
sie **ver|schlang**
→ verschlingen
ver|schlin|gen,
du verschlingst,
er verschlang,
sie hat
verschlungen
= hastig essen,
verspeisen
ver|schlu|cken, du
verschluckst = etwas in die
Luftröhre bekommen,
verschwinden
der **Ver|schluss**, die
Verschlüsse = der Stöpsel,
der Stoppel, die Kappe
ver|schmut|zen,
du verschmutzt = dreckig
machen, beflecken
er **ver|schwand**
→ verschwinden
ver|schwen|den,
du verschwendest
= vergeuden, vertun,
verschleudern

ver|schwin|den,
du verschwindest,
er verschwand,
sie ist
verschwunden
= untertauchen,
abhanden kommen
das **Ver|se|hen**, die Versehen
= der Irrtum, der Fehler
ver|se|hent|lich = aus
Versehen, unabsichtlich
ver|set|zen, du versetzt
= umstellen, verrücken,
antun
ver|si|chern, du versi-
cherst = versprechen, eine
Versicherung abschließen
die **Ver|si|che|rung**, die
Versicherungen = die
Firma, die dir nach einem
Schaden Geld bezahlt, der
Vertrag darüber
ver|sin|ken, du versinkst
→ sinken; = untergehen
sich **ver|spä|ten**, du verspätest
dich = zu spät kommen,
verschlafen
ver|spre|chen, du
versprichst → sprechen;
= versichern, sein
Ehrenwort geben

236

der **Ver|stand** = die Vernunft,
die Klugheit
ver|ständ|lich = klar,
deutlich
ver|ste|cken, du versteckst
= verbergen, nicht zeigen
ver|ste|hen, du verstehst
→ stehen; = deutlich hören,
begreifen, durchschauen
der **Ver|such**, die Versuche
= die Anstrengung, das
Experiment
ver|su|chen, du versuchst
= probieren, kosten
ver|tei|di|gen, du
verteidigst = beschützen,
entschuldigen
der **Ver|trag**, die Verträge
= die Abmachung
ver|tra|gen, du verträgst
→ tragen; = aushalten,
erdulden, sich verstehen
ver|trau|en, du vertraust
= sich verlassen,
glauben an
er **ver|trug** → vertragen
ver|ur|tei|len,
du verurteilst
= für schuldig
erklären,
bestrafen

der **Ver|wand|te**,
die **Ver|wand|te**,
die Verwandten
= der/die Angehörige,
das Familienmitglied
ver|wech|seln,
du verwechselst
= durcheinanderbringen,
vertauschen
ver|wen|den,
du verwendest
= gebrauchen,
verarbeiten
ver|wöh|nen, du ver-
wöhnst = jeden Wunsch
von den Augen ablesen,
verhätscheln
ver|wun|dert = überrascht,
erstaunt
ver|zau|bern, du
verzauberst = verwandeln
ver|zei|hen, du verzeihst,
er verzieh, sie hat
verziehen = vergeben,
entschuldigen
ver|zich|ten, du verzichtest
= nicht in Anspruch
nehmen, zurückstehen
ver|zwei|feln, du
verzweifelst = keinen
Ausweg sehen, mutlos sein

V v

vi

das **Vi|deo**, die Videos = ein
    Film auf Videokassette
der **Vi|deo|re|kor|der**, die
    Videorekorder = ein Gerät
    zum Aufnehmen und
    Abspielen von Videos
das **Vieh** = die Tiere am
    Bauernhof
    viel, mehr, am meisten
    = reichlich, zahlreich,
    unzählig
er ~~viel~~ → fiel → fallen
der **Viel|fraß**,
    die Vielfraße
    = eine
    Person,
    die viel
    isst,
    eine Marderart
    viel|leicht = eventuell
    vier = die Ziffer 4
das **Vier|eck**, die Vierecke
    = eine Figur mit vier Ecken
    und vier Seiten, etwa ein
    Quadrat
    vier|eckig = mit vier
    Ecken, rechteckig
das **Vier|tel**, die Viertel = ein
    Ortsteil, ein Bezirk, eine
    Bruchzahl

> *Du schreibst klein:*
> *um **viertel** eins.*
> *Du schreibst groß: um*
> ***Viertel** nach eins, ein*
> ***Viertel** Wein.*
> *Du schreibst groß und*
> *zusammen: eine*
> ***Viertelstunde**.*

die **Vi|gnet|te**,
    die Vignetten
    = das Pickerl,
    der Kleber
    ~~vil~~ → viel
er ~~vil~~ → fiel → fallen
die **Vil|la**, die Villen = ein
    großes schönes Wohnhaus
    ~~villeicht~~ → vielleicht
    vi|o|lett = eine Farbe
die **Vi|o|li|ne**, die Violinen
    = die Geige
das **Vi|t|a|min**, die Vitamine
    = ein wichtiger Bestandteil
    der Ernährung

vo

der **Vo|gel**, die Vögel
der **Vo|kal**, die Vokale
    = der Selbstlaut
das **Volk**, die Völker
    ➤ Alle Bienen
    zusammen bilden das
    Bienenvolk.

V v

der
das **Völ|ker|ball** = ein Ballspiel

die **Volks|schu|le**, die
Volksschulen = die Schule
für 6- bis 10-Jährige

voll, voller, am vollsten
= angefüllt, nicht leer,
besetzt, nicht frei

der
das **Vol|ley|ball** = ein Ballspiel,
eine Sportart

das **Voll|korn|brot**, die
Vollkornbrote = ein Brot mit
ganzen Körnern

voll|stän|dig = völlig, ganz

völ|lig = absolut, ganz,
vollständig

vom ➤ sich vom Unterricht
erholen

von ➤ von der Tafel
abschreiben

vor ➤ vor der Schule
warten

> *Mit **vor-** kannst du Wörter*
> *bauen: **vor|lesen**, **Vor|rat**,*
> ***vor|gestern**.*
> *Wenn du ein Wort unter*
> ***vor-** nicht findest, dann*
> *mache Folgendes:*
> *Suchst du **vor|schreiben**,*
> *schau bei **schreiben** nach!*

vo|r|an = vorwärts, nach
vorne

Vor|arl|berg
= ein Bundesland

vo|r|aus|sicht|lich
= anscheinend,
höchstwahrscheinlich

vor|bei = vorüber,
vergangen

vor|bei|geh|en, du gehst
vorbei = passieren,
vergehen

das **Vor|bild**,
die Vorbilder
= das Idol,
der Held,
das Wunschbild

vor|ges|tern
= der Tag vor dem
gestrigen Tag

der **Vor|hang**,
die Vorhänge
= die Gardine

vor|her = davor,
im Vorhinein

vo|ri|ge = letzte,
vergangene

vor|läu|fig = bis jetzt,
zunächst, einstweilen

vor|laut = frech, keck

vor|le|sen, du liest vor
→ lesen; = laut lesen,
vortragen

239

V v

vorm = vor dem

der **Vor|mit|tag**, die Vormittage = die Zeit zwischen Morgen und Mittag

vor|mit|tags = jeden Vormittag

vorn[e] = im Vordergrund, in der ersten Reihe

der **Vor|na|me**, die Vornamen = der Taufname, nicht der Familienname

vor|nehm = nobel, edel

der **Vor|ort**, die Vororte = die Vorstadt, der Stadtrand

der **Vor|rang** = die Hauptsache, die Vorfahrt

der **Vor|rat**, die Vorräte = das Lager, die Reserve

der **Vor|satz**, die Vorsätze = die Absicht

der **Vor|schlag**, die Vorschläge = der Rat(schlag), die Empfehlung

die **Vor|schrift**, die Vorschriften = die Regel, das Gebot

der **Vor|schuss**, die Vorschüsse = die Vorauszahlung

vor|sich|tig = behutsam, umsichtig, unsicher

die **Vor|sil|be**, die Vorsilben = die Silbe am Wortanfang (z. B. vor-, be-, mit-)

der **Vor|teil**, die Vorteile = der Nutzen, der Gewinn, der Vorzug

vo|r|über = vorbei, aus, zu Ende

das **Vor|ur|teil**, die Vorurteile = eine Meinung, bei der man nicht nachgedacht hat, ob sie auch stimmt

vor|wärts = voran, nach vorn(e)

der **Vor|wurf**, die Vorwürfe = die Beschuldigung, die Anklage

vu

der **Vul|kan**, die Vulkane = der Feuer und Lava speiende Berg

W w

wa/wä

die **Waa|ge**, die Waagen
= ein Gerät zur Messung
des Gewichts, ein Sternbild
waag|recht = eben,
horizontal, nicht senkrecht
wach = munter,
ausgeschlafen

die **Wa|che**, die Wachen
= jemand,
der aufpasst
und Acht gibt
[achtgibt]

das **Wachs**, die Wachse = ein
weicher Stoff der Bienen,
aus dem Kerzen gemacht
werden
wach|sen, du wächst, er
wuchs, sie ist gewachsen
= groß werden, gedeihen,
ansteigen
wa|ckeln, du wackelst
= lose sein, hin- und
herbewegen
wack|[e]lig = lose, nicht
fixiert

die **Wa|de**, die Waden
= ein Teil des Beins

die **Waf|fe**, die Waffen
= ein Kampfgerät,
ein Kriegswerkzeug
wa|gen, du wagst
= riskieren, sich trauen

der **Wa|gen**, die Wägen
= das Auto, das Fahrzeug,
das Fuhrwerk

der **Wag|[g]on**, die Wag[g]ons
[Wag(g)one]
= ein Eisenbahnwagen
wäh|len, du wählst
= abstimmen, seine Stimme
geben, aussuchen

die **Wahl**, die Wahlen = die
Abstimmung, die Auswahl
wahn|sin|nig
= geistesgestört,
nicht normal
wahr = wirklich,
tatsächlich, nicht gelogen

er ~~wahr~~ → war → sein
wäh|rend = unterdessen,
inzwischen

die **Wahr|heit**, die Wahrheiten
= die Richtigkeit,
die Realität, die Tatsache
wahr|schein|lich
= vermutlich, sicherlich

die **Wäh|rung**, die Währungen
= das Geld eines Landes

241

A B C D E F G H I J K L M N O P Q R S T U V W X Y Z

W w

das **Wahr|zei|chen**,
die Wahrzeichen = das
Kennzeichen einer Stadt

das **Wai|sen|kind**,
die Waisenkinder (der/die
Waise) = ein Kind, dessen
Eltern tot sind

der **Wal**, die Wale = ein
großes Säugetier, das
im Meer lebt

der **Wald**, die Wäl|der ➤ eine
Landschaft mit vielen
Bäumen

der **Walk|man**,
die Walkmans
[Walkmen]
= ein tragbarer
Kassettenrekorder

die **Wal|nuss**, die Walnüsse
= eine Frucht

der **Wal|zer**, die Walzer
= ein Tanz

die **Wand**, die Wände
= die Mauer, die Hürde

wan|dern, du wanderst
= in der Natur spazieren
gehen

die **Wan|de|rung**,
die Wanderungen
= der Spaziergang,
der Ausflug

die **Wan|ge**, die Wangen
= die Backe,
ein Teil des Gesichts

wann = zu welcher Zeit

die **Wan|ne**, die Wannen
➤ die Badewanne

das **Wap|pen**, die Wappen
= ein Abzeichen,
ein Kennzeichen

sie **war** → sein

war → wahr

er **warb** → werben

die **Wa|re**, die Waren
= das Erzeugnis,
das Produkt, der Artikel

er **warf** → werfen

warm, wärmer, am
wärmsten = heiß,
sommerlich, nicht kalt

die **Wär|me** = die Hitze,
die Herzlichkeit

war|nen, du warnst
= abraten, auf eine Gefahr
hinweisen

die **War|nung**, die Warnungen
= die Drohung, der Alarm

war|ten, du wartest = sich
Zeit lassen, geduldig sein,
sich anstellen

wa|rum = wieso, weshalb

was ➤ Was sagst du?

die **Wä|sche** = die Reinigung;
➤ die Unterwäsche,
die Schmutzwäsche
wa|schen, du wäsch(s)t
dich, er wusch sich,
sie hat sich gewaschen
= sich säubern,
sich erfrischen
das **Was|ser**, die Wässer
➤ das Trinkwasser,
das Grundwasser
die **Wat|sche**,
die Watschen
= die Ohrfeige
wat|scheln,
du watschelst
= gehen wie eine Ente
die **Wat|te** = sehr feine, weiße
Fasern, ähnlich einer
Wolke

wc

das **WC** = das Wasserklosett
= die Toilette, das Klo

we

we|ben, du webst
= handarbeiten
das **Wech|sel|geld**, die
Wechselgelder = das Geld,
das man herausbekommt
wech|seln, du wechselst
= (aus)tauschen, ersetzen

we|cken, du weckst
= munter machen
der **We|cker**,
die Wecker
= eine
Uhr
we|deln, du wedelst
= hin- und herschwingen,
Schi fahren
we|der . . . noch = keines
von beiden
weg = fort, nicht da,
unterwegs
der **Weg**, die Wege = eine
kleine Straße, der Pfad

*Mit **weg-** kannst du Wörter
bauen: **weg|fahren**,
Weg|nahme.
Wenn du ein Wort unter
weg- nicht findest, dann
mache Folgendes: Suchst
du **weg|geben**, schau
bei **geben** nach!*

we|gen = auf Grund,
[aufgrund], angesichts
weg|lau|fen, du läufst weg
→ laufen; = davonrennen,
weggehen
weg|neh|men, du nimmst
weg → nehmen;
= entfernen, rauben

243

der **Weg|wei|ser**, die
Wegweiser = die
Hinweistafel, die
Markierung
weh = schmerzend, elend,
kränkend
we|hen, du wehst
= blasen, stürmen
sich **weh|ren**,
du wehrst
dich = sich
zur Wehr
setzen, sich
nichts gefallen lassen
sich **weh|tun**, du tust dir weh
→ tun; = sich verletzen,
sich verwunden
weib|lich = frauenhaft,
fraulich
weich = flauschig, sanft
wei|chen, du weichst
= sich entfernen, aus dem
Weg gehen, nachgeben
die **Weich|sel**, die Weichseln
= eine Sauerkirsche
wei|den,
du weidest
= grasen
sich **wei|gern**,
du weigerst dich
= ablehnen, zurückweisen

wei|hen, du weihst
= segnen
Weih|nach|ten = das Fest
zur Geburt von Jesus
Christus am
24./25. Dezember
weil = da, denn
der **Wein**, die Weine
= ein Getränk mit Alkohol
wei|nen, du weinst
= Tränen vergießen
schluchzen
die **Wein|trau|be**, die
Weintrauben = eine Frucht
weiß = eine Farbe;
➤ weiß wie Schnee
sie **weiß** → wissen
= sich auskennen
wei|se = klug,
lebenserfahren
die **Wei|se**, die Weisen
= die Art, das Lied
der
die ~~**Wei|se**~~ → Waise
weit = ausgedehnt, nicht
eng, fern

> *Du schreibst klein: **weit**
> weg sein, von **weitem**
> erkennbar, ohne **weiteres**
> machen. Du schreibst groß:
> **das Weite** suchen,
> **die Weite** des Raums*

244

W w

wei|ter = vorwärts

> *Mit **weiter-** kannst du Wörter bauen:*
> ***weiter|sagen, Weiter|fahrt, weiter|hin.***
> *Wenn du ein Wort unter **weiter-** nicht findest, dann mache Folgendes: Suchst du **weiter|schreiben**, schau bei **schreiben** nach!*

wei|ter|ma|chen, du machst weiter = fortsetzen, fortfahren

wei|ter|sa|gen, du sagst weiter = weitererzählen, mitteilen

der **Wei|zen** = ein Getreide

wel|che ➤ was für eine

welk = faltig, verblüht

die **Wel|le**, die Wellen = die Woge, die Brandung

der **Wel|len|sit|tich**, die Wellensittiche = ein Vogel

die **Welt**, die Welten = die Erde, der Globus

das **Welt|all** = der Weltraum, das Universum

wem ➤ Wem hilft sie? – Mir!

wen ➤ Wen liebt er? – Mich.

wen|den, du wendest = umdrehen, umkehren

we|nig = kaum, nicht genug

we|ni|ge = einige, ein paar, nicht viele

we|nigs|tens = mindestens

wenn = falls, für den Fall, dass

wer ➤ Wer fehlt? – Anna fehlt.

wer|ben, du wirbst, er warb, sie hat geworben = Reklame machen;
➤ um die Braut werben

die **Wer|bung**, die Werbungen = die Reklame, das Inserat

wer|den, du wirst, er wird, sie wurde, er ist geworden = sich entwickeln, gedeihen, gelingen

wer|fen, du wirfst, er warf, sie hat geworfen = schleudern, schmeißen

A
B
C
D
E
F
G
H
I
J
K
L
M
N
O
P
Q
R
S
T
U
V
W
X
Y
Z

das **Werk**, die Werke = die Arbeit, das Schaffen, das Buch; ➤ das Kunstwerk

die **Werk|statt**, die Werkstätten = ein Arbeitsraum

das **Werk|zeug** = die Arbeitsgeräte

der **Wert**, die Werte = die Bedeutung, die Qualität, der Nutzen, der Preis

wert|voll = kostbar, teuer

das **We|sen**, die Wesen = das Geschöpf, die Art, der Typ

we|sent|lich = wichtig, notwendig

wes|halb = warum, weswegen

die **Wes|pe**, die Wespen = ein Insekt

die **Wes|te**, die Westen = ein Kleidungsstück

der **Wes|ten** = eine Himmelsrichtung

wes|we|gen = warum, weshalb

der **Wett|be|werb**, die Wettbewerbe = der Wettkampf, das Turnier

die **Wet|te**, die Wetten = ein Glücksspiel

wet|ten, du wettest = tippen, eine Wette abschließen

das **Wet|ter** = die Witterung, das Klima

wi

der **Wicht**, die Wichte = der Zwerg

wich|tig = bedeutend, notwendig

wi|ckeln, du wickelst = aufrollen, einpacken, eine Windel geben

wi|der = gegen, kontra

~~wider~~ → wieder = noch einmal

wi|der|lich = grauslich, abstoßend, ekelhaft

wi|der|spre|chen, du widersprichst → sprechen; = dagegenreden, bestreiten

der **Wi|der|stand**, die Widerstände = die Auflehnung, die Gegenkraft

wi|der|wil|lig = ungern, unwillig

W w

246

wie = auf welche Art
wie|der = noch einmal, abermals
~~**wieder**~~ → wider = gegen
wie|der|kom|men, du kommst wieder → kommen; = zurückkehren, noch einmal kommen
wie|der|ho|len, du wiederholst = noch einmal machen, nachsagen, sitzen bleiben
auf **Wie|der|se|hen** = servus, tschüs(s), bis bald, leb wohl
wie|gen, du wiegst, er wog, sie hat gewogen = ein Gewicht bestimmen, ein Gewicht haben, schaukeln
wie|hern, du wieherst
➤ Das Pferd wiehert.
Wien = ein Bundesland und die Hauptstadt von Österreich
die **Wie|se**, die Wiesen = der Rasen, die Grünfläche
wie|so = warum, weshalb
wild = stürmisch, ungezähmt, natürlich
das **Wild** = alle frei lebenden Säugetiere und Vögel

der **Wil|le[n]** = das Wollen, die Entschlusskraft
wil|len
➤ um Himmels willen
will|kom|men = günstig, passend, gern gesehen
das **Wim|merl**, die Wimmerl = der Pickel
wim|mern, du wimmerst = stöhnen, winseln
die **Wim|per**, die Wimpern = das Haar am Augenlid
der **Wind**, die Winde = der Luftzug, der Sturm, die Blähung
die **Win|del**, die Windeln = das Tuch, das Babys anstatt der Hose haben
win|dig = zugig, stürmisch
win|ken, du winkst = die Hand hin- und herschwingen, sich verabschieden
der **Win|ter**, die Winter = die kalte Jahreszeit

der **Win|zer**, die **Win|zerin**,
die Winzerinnen
= der Weinbauer,
die Weinbäuerin
win|zig = klein, zierlich
wir ➤ wir (Selma und
Marlene) essen
die **Wir|bel|säu|le**,
die Wirbelsäulen
= ein Teil
des Skeletts
er **wird** → werden
wirk|lich = tatsächlich,
vorhanden, nicht erfunden
die **Wirk|lich|keit**,
die Wirklichkeiten
= die Realität, die Tatsache
wirr = durcheinander,
ungeordnet
der **Wirt**, die **Wir|tin**,
die Wirte, die Wirtinnen
= der/die Gastgeberin
die **Wirt|schaft**, die
Wirtschaften = der Handel,
die Industrie, das Gasthaus
wi|schen, du wisch(s)t
= saubermachen
[sauber machen], abstauben
wis|sen, du weißt, er
wusste, sie hat gewusst
= kennen, beherrschen

das **Wis|sen** = die Bildung,
die Erfahrung,
die **Wit|we**, die Witwen
= eine Frau,
deren Mann tot ist
der **Wit|wer**, die Witwer
= ein Mann,
dessen Frau tot ist
der **Witz**, die Witze = der Spaß,
der Schmäh
wit|zig = lustig, komisch
wo/wö
wo = an welchem Ort?
wo|anders = nicht hier
die **Wo|che**, die Wochen = ein
Zeitraum von sieben Tagen
wo|für = für welche Sache
er **wog** → wiegen
wo|her = aus welcher
Richtung
wo|hin = an welchen Ort
wohl = anscheinend,
vielleicht, gesund
woh|nen, du wohnst
= leben, sich aufhalten
die **Woh|nung**, die
Wohnungen ➤ die
Eigentumswohnung, die
Mietwohnung
der **Wolf**, die Wölfe
= ein Raubtier

248

die **Wol|ke**, die Wolken
> die Regenwolken,
der Wolkenbruch
der ~~Wok|men~~ → Walkman
die **Wol|le**
= die
Körperhaare
der Schafe
wol|len,
du willst,
er wollte, sie hat gewollt
= vorhaben, planen,
sich wünschen
wo|mit = mit welcher
Sache, wodurch
wo|mög|lich = vielleicht
wo|r|an = an welche
Sache?
wo|r|auf = auf welche
Sache?
wo|r|aus = aus welcher
Sache?
das **Wort**, die Wörter [Worte]
= der Begriff, der Ausdruck
das **Wör|ter|buch**,
die Wörterbücher
= ein Nachschlagewerk
wört|lich = Wort für Wort,
buchstäblich
wo|r|über = über welche
Sache?

wo|von = von welcher
Sache
wo|vor = vor welcher
Sache
wo|zu = zu welchem
Zweck
wr
das **Wrack**,
die Wracks
= ein
kaputtes
Fahrzeug
wu/wü
wüh|len, du wühlst
= graben, suchen
die **Wun|de**, die Wunden
= die Verletzung
wun|der|bar = großartig,
traumhaft
sich **wun|dern**, du wunderst
dich = überrascht sein,
erstaunt sein
der **Wunsch**, die Wünsche
= die Bitte;
> der Glückwunsch
sich **wün|schen**, du wünsch(s)t
dir = sich sehnen nach,
erhoffen
der **Wür|fel**, die Würfel
> der Spielwürfel,
der Würfelzucker

W w

A B C D E F G H I J K L M N O P Q R S T U V W X Y Z

der **Wurm**, die Würmer
> der Regenwurm,
der Bücherwurm

die **Wurst**, die Würste ➤ die
Schinkenwurst, die
Streichwurst

das **Wür|stel**, die Würstel(n)
= die Würstchen,
die Frankfurter

die **Wur|zel**,
die Wurzeln
> die
Baumwurzel

wür|zen,
du würzt
= Gewürze hinzufügen

wür|zig = pikant, scharf,
nicht fade

er **wusch** → waschen

er ~~wuste~~ = wusste → wissen

die **Wüs|te**, die Wüsten = ein
Land ohne Wasser

die **Wut**
= der Zorn,
der Ärger

der **Wut|an|fall**,
die Wutanfälle
= der
Wutausbruch,
der Zornausbruch

wü|tend = zornig, ärgerlich

X x

die **X-Bei|ne** = nach innen
gekrümmte Beine

x-beliebig = irgendein

x-mal = sehr oft,
hundertmal

das **Xy|lo|phon** [**Xy|lo|fon**],
die Xylophone = ein
Musikinstrument

Y y

die **Yacht**,
die Yachten
= ein Schiff

der **Ye|ti**,
die Yetis
= ein
sagenhafter
Schneemensch

das **Yp|si|lon**, die Ypsilon
= der vorletzte Buchstabe
im ABC

250

Z z

za

die **Za|cke**, die Zacken
= die Spitze
zag|haft
= vorsichtig,
ängstlich
zäh
= lederartig,
mühsam,
beharrlich

die **Zahl**, die Zahlen = ein Wert
aus Ziffern, die Nummer,
die Anzahl
zah|len, du zahlst
= ausgeben, begleichen
zäh|len, du zählst
= die Anzahl feststellen,
wichtig sein
zahm = gebändigt, nicht
wild
zäh|men, du zähmst
= bändigen

der **Zahn**, die Zähne ➤ der
Milchzahn, die Zahnlücke

der **Zahn|arzt**,
die **Zahn|ärz|tin**,
die Zahnärzte,
die Zahnärztinnen

die **Zahn|pas|te** [**Zahn|pas|ta**],
die Zahnpastas
[Zahnpasten]
= die Zahncreme

die **Zan|ge**, die Zangen
= ein Werkzeug
zan|ken, du zankst
= streiten

das **Zäpf|chen**, die Zäpfchen
= ein Medikament
zap|peln, du zappelst
= unruhig sein, strampeln
zart = sanft, dünn

der **Zau|be|rer**,
die **Zau|be|rin**,
die Zauberer,
die Zauberinnen
= der/die
Magierin,
der Hexenmeister,
die Hexe
zau|bern, du zauberst
= hexen, Tricks vorführen

der **Zaun**, die Zäune = die
Begrenzung, das Gitter

ze

das **Ze|bra**, die Zebras
= ein gestreiftes Wildpferd

der **Ze|bra|strei|fen**, die
Zebrastreifen = der
Fußgängerübergang

Z z

der **Zeck** [die **Ze|cke**],
    die Zecken ➤ die
    Zeckenimpfung
die **Ze|he**
    [der Zeh],
    die Zehen
    = ein Teil
    des Fußes
    zehn = die Zahl 10
das **Zei|chen**, die Zeichen
    = ein Merkmal, ein Symbol
    zeich|nen, du zeichnest
    = malen
die **Zeich|nung**, die
    Zeichnungen = ein Bild
    zei|gen, du zeigst = sehen
    lassen, hinweisen,
    beweisen
die **Zei|le**, die Zeilen
    = die Linie
die **Zeit**, die Zeiten ➤ die
    Uhrzeit, die Jahreszeit
    zei|tig = rechtzeitig, früh,
    nicht spät
die **Zeit|schrift**, die
    Zeitschriften = die
    Illustrierte, das Magazin
die **Zei|tung**, die Zeitungen
    ➤ die Tageszeitung
das **Zeit|wort**, die Zeitwörter
    = das Tunwort, das Verb

die **Zel|le**, die Zellen
    = ein kleiner Raum;
    ➤ die Telefonzelle
das **Zelt**, die Zelte ➤ das
    Indianerzelt
der **Ze|ment**
    = ein Baustoff
die **Zen|sur**,
    die Zensuren
    = die Note,
    die Kontrolle
der **Zen|ti|me|ter**,
    die Zentimeter (cm)
    = ein Längenmaß
    zen|t|ral = in der Mitte
das **Zen|t|rum**, die Zentren
    = der Mittelpunkt, die
    Innenstadt

> *Mit **zer-** kannst du Wörter bauer: **zer|brechen**, **Zer|störung**, **zer|streut**. Wenn du ein Wort unter **zer-** nicht findest, dann mache Folgendes: Suchst du **zer|reißen**, schau bei **reißen** nach!*

zer|bre|chen, du zerbrichst
→ brechen; = zerspringen,
entzweigehen
zer|ren, du zerrst = ziehen,
reißen

Z z

zer|streut
= unaufmerksam

der **Zet|tel**, die Zettel
= das Blatt Papier

das **Zeug** = der Kram,
die Sachen

der **Zeu|ge**, die **Zeu|gin**,
die Zeugen, die Zeuginnen
= eine Beobachterin

das **Zeug|nis**, die Zeugnisse
= die Schulnachricht

zi

die **Zie|ge**, die Ziegen
= ein Säugetier

der **Zie|gel**, die Ziegel
= ein Mauerstein

zie|hen, du ziehst, er zog,
sie hat gezogen = zerren,
schleifen, herausnehmen

das **Ziel**, die Ziele = der Plan,
die Absicht, der Zielort

ziem|lich = einigermaßen

zier|lich = klein, zart

die **Zif|fer**, die Ziffern = mit den
Ziffern bildet man Zahlen

die **Zi|ga|ret|te**, die Zigaretten
➤ die Zigarettenschachtel

das **Zim|mer**, die Zimmer
= der Raum

der **Zins** (1), die Zinse
= die Miete

der **Zins** (2), die Zinsen = das
Geld, das man beim
Sparen oder Ausborgen
einer Summe bekommt
oder zahlen
muss

der **Zir|kel**,
die Zirkel
= ein
Zeichengerät

der **Zir|kus**, die Zirkusse ➤
Dort treten Artistinnen und
Artisten auf.

zi|schen, du zisch(s)t
= flüstern, fauchen

die **Zi|tro|ne**, die Zitronen
= eine gelbe, saure Frucht

zit|tern, du zitterst
= schlottern, frieren,
Angst haben

zo

er **zog** → ziehen

zö|gern, du zögerst
= (ab)warten,
unentschlossen sein

der **Zoll**, die Zölle = eine
Abgabe, die Zollbehörde

der **Zoo**, die Zoos = der
Tiergarten

der **Zopf**, die Zöpfe
= geflochtene Haare

253

Z z

der **Zorn** = die Wut, die
    Verärgerung
zor|nig
    = wütend,
    verärgert,
    nicht erfreut
zu

zu ➤ zu viel Zeit, zu viele
Kinder

*Mit **zu**- kannst du Wörter
bauen: **zu|schauen**,
Zu|fall, **zu|frieden**.
Wenn du ein Wort unter **zu-**
nicht findest, dann mache
Folgendes: Suchst du
zu|klappen, schau bei
klappen nach!*

zu|be|rei|ten, du bereitest
zu = kochen
züch|ten, du züchtest
= anpflanzen, kreuzen,
heranziehen
zu|cken, du zuckst
= zusammenschrecken,
zittern
der **Zu|cker** = ein
    Nahrungsmittel
das **Zu|ckerl**, die Zuckerl(n)
    = das Bonbon
zu|erst = am Anfang,
    anfangs

der **Zu|fall**,
    die Zufälle
    = der
    Glücksfall,
    die Gelegenheit
zu|frie|den = befriedigt,
    wunschlos
der **Zug**, die Züge
    = die Eisenbahn,
    ein Luftstrom,
    der Schluck
zu|gleich = gleichzeitig
zu|hau|se [**zu Hau|se**]
    = daheim
das **Zu|hau|se** = die Wohnung,
    die Heimat
zu|hö|ren, du hörst zu
    = hören, lauschen
die **Zu|kunft** = die Zeit, die
    noch kommt, das Futur
zu|künf|tig = in Zukunft
zu|letzt = zum Schluss,
    am Ende
zu|lie|be ➤ dir zuliebe
    = deinetwegen
zum = zu dem ➤ zum
    Mond fliegen
zu|ma|chen, du machst zu
    = schließen
zu|min|dest = mindestens,
    wenigstens

Z z   254

das **Zünd|holz**,
die Zündhölzer
= das Streichholz

die **Zun|ge**,
die Zungen
= das Geschmacksorgan

zup|fen, du zupfst
= zerren, (heraus)reißen

zur = zu der ➤ zur Schule
gehen

zu|rück = retour

> Mit **zurück-** kannst du
> Wörter bauen:
> **zurück|geben**,
> **Zurück|nahme**,
> **zurück|gezogen**.
> Wenn du ein Wort unter
> **zurück-** nicht findest, dann
> mache Folgendes:
> Suchst du **zurück|laufen**,
> schau bei **laufen** nach!

zu|rück|ge|ben, du gibst
zurück ➜ geben; = wieder
hergeben

zu|rück|ge|zo|gen = ruhig,
schüchtern

die **Zu|rück|nah|me**,
die Zurücknahmen
= der Umtausch,
die Berichtigung,
der Widerruf

zu|sam|men = gemein-
sam, miteinander

> Mit **zusammen-** kannst du
> Wörter bauen:
> **zusammen|halten**,
> **Zusammen|arbeit**,
> **zusammen|hängend**.
> Wenn du ein Wort unter
> **zusammen-** nicht findest,
> dann mache Folgendes:
> Suchst du
> **zusammen|klappen**,
> schau bei **klappen** nach!

zu|sam|men sein,
du bist zusammen
➜ sein; = nicht alleine sein

die **Zu|sam|men|ar|beit**
= gemeinsam etwas
machen, die Teamarbeit,
die Kooperation

zu|sam|men|hal|ten,
du hältst zusammen
= zueinanderstehen,
verbinden

zu|sam|men|hän|gend
= miteinander verbunden,
nacheinander

zu|sam|men|sto|ßen,
du stößt zusammen
➜ stoßen;
= aufeinanderprallen

Z z

zu|sätz|lich = außerdem, darüber hinaus

zu|schau|en, du schaust zu = zusehen, beobachten

der **Zu|schau|er**, die **Zu|schau|e|rin**, die Zuschauerinnen = das Publikum

zu|se|hen, du siehst zu → sehen; = betrachten, beobachten

die **Zu|tat**, die Zutaten = der Bestandteil

der **Zu|tritt** = der Einlass

zu|vor = vorher

zw

sie **zwang** → zwingen

zwan|zig = die Zahl 20

zwar = nämlich

der **Zweck**, die Zwecke = der Sinn, der Grund

zwei = die Ziffer 2

zwei|feln, du zweifelst = in Frage stellen, nicht sicher sein

der **Zweig**, die Zweige ➤ der Tannenzweig

der **Zwerg**, die Zwerge = der Wicht, der Gnom

die **Zwet|schke** [**Zwet|schge**], die Zwetschken = die Pflaume, ein Steinobst

zwi|cken, du zwickst = kneifen, entwerten

der **Zwie|back**, die Zwiebacke = ein Gebäck

die **Zwie|bel**, die Zwiebeln = eine Pflanze

der **Zwie|laut**, die Zwielaute = ein Doppelvokal (z. B.: au, ei)

der **Zwil|ling**, die Zwillinge = Geschwister, die gemeinsam auf die Welt kommen, ein Sternzeichen

zwin|gen, du zwingst, er zwang, sie hat gezwungen = nötigen, bedrängen

der **Zwirn**, die Zwirne = ein Faden zum Nähen

zwi|schen = innerhalb, unter

zwit|schern, du zwitscherst ➤ Die Vögel zwitschern.

zwölf = die Zahl 12

zy

der **Zy|lin|der**, die Zylinder = ein hoher Hut, ein geometrischer Körper

Z z